αthen
DAS KOCHBUCH

ELISSAVET PATRIKIOU

αthen
DAS KOCHBUCH

ELISSAVET PATRIKIOU

südwest

EINLEITUNG

Meine zweite Heimat Griechenland kenne ich seit meiner Kindheit. Ich habe hier gelebt, meine Mutter wohnt wieder in einem Dorf bei Thessaloniki und meine »griechische Hälfte« ist geprägt von der Mentalität, der Sprache, den Gerüchen und den Geschmäckern dieses Landes. Ein Teil von mir ist mit absoluter Selbstverständlichkeit in Griechenland zu Hause.

Und doch – »unsere« Hauptstadt Athen war für mich lange eine »Unbekannte«. Erst mit diesem Herzensprojekt habe ich Athen kennengelernt – und noch vor meinem ersten Mokka in der Plaka wusste ich: ATHINA und ich, das wird was fürs Leben. Diese wilde Diva mit all ihren Launen, bunten Farben, so vielen Kontrasten und Gegensätzen.

Athen zieht Menschen aus aller Welt an, die sich hier ein neues Leben aufbauen wollen und ihre Kultur und Lebendigkeit mitbringen. Griechen finden wieder zurück in ihre Heimat, sie kehren heim aus den verschiedensten Teilen der Welt, wo sie gelebt oder studiert haben. An jeder Ecke machen gefühlt täglich neue Restaurants, Bars, Cafés, Tavernen und Läden auf … Aber das alte Athen muss hierfür nicht weichen. Der Papou (Opa) trinkt nach wie vor seinen Tsipouro – einen traditionellen griechischen Weinbrand – in der Taverne, die schon immer hier ihren Platz hatte. In der neuen angesagten Bar nebenan feiern Studenten. Keiner fühlt sich gestört.

Die griechische Fahne hat neun Streifen – genauso viele Buchstaben wie »ELEFTERIA«, das griechische Wort für »Freiheit«. Diese Freiheit spürt man in Athen so sehr – in jedem Winkel dieser Stadt, die nicht nur viel Herz hat, sondern auch viel Mut. Sie gibt nie auf und erfindet sich auf ihre ganz eigene Art immer wieder neu, vergisst aber dabei niemals ihre Geschichte.

In der langen Historie der Stadt hat Essen immer eine große Rolle gespielt. Schon in der Antike wurden Schüler nicht nur in Philosophie, Musik oder Astronomie gelehrt – das Studium des Kochens war ebenso wichtiger Bestandteil des Unterrichts!

Besonders »Meze« haben in der griechischen Küche Tradition: Viele unterschiedliche (Vor-)Speisen werden aufgetragen, angerichtet auf kleinen Tellern, die sich auf dem Tisch ausbreiten und von denen sich jeder nehmen darf.

Meze ist nicht nur Essen, sondern vielmehr ein Zusammentreffen, ein Zusammensein – je mehr

DIE »GITONIES« … sind die Stadtviertel Athens und sind oftmals relativ kleine Bezirke mit eigener Infrastruktur. Teilweise sind die Grenzen fließend bzw. Straßenzüge gehören zu zwei Gitonies, weshalb man ab und an nicht richtig sagen kann, wo man gerade ist.

INSIDER … leben in Athen und kennen ihr Viertel wie ihre Westentasche. Sie zeigen uns ihre Lieblingsplätze, Restaurants, kochen für und mit uns und erzählen uns ein wenig von ihrer Sicht auf die Stadt.

ELI-TIPP … gefunden, erlebt und für hervorragend befunden »by Eli«.

Menschen, desto besser! Zu einem griechischem Essen gehört immer auch eine »kali parea«, eine »gute Gesellschaft«. Oft wird über viele Stunden miteinander gegessen und getrunken – das ist die Basis für ein gutes Gespräch oder eine hitzige Diskussion.

Dieses Buch ist ein Kochbuch mit vielen Rezepten von der Nachbarschaftsküche bis zur Spitzengastronomie. Aber auch ein Reiseführer und Bildband mit Geschichten von und über Menschen, die hier leben und die ich kennenlernen durfte. Sie haben mich mitgenommen in ihre Stadt, haben mir ihre liebsten Plätze gezeigt, wir haben zusammen gegessen, getrunken und gelacht. Und manchmal auch eine Träne vergossen, wenn mir all die Menschen – mit so viel Herz – aus ihrem Leben erzählt haben.

Ich habe wirklich viel geschenkt bekommen in der Zeit, in der dieses Buch entstanden ist.

Nein, einfach ist sie nicht, diese Stadt – aber wer sie einmal erleben durfte, wird sie lieben! So wie sie ist – mit ihren ganzen Fehlern, die man ihr gerne mit einem Lächeln verzeiht. Und die man mit erfülltem Herzen verlässt, weil man weiß: »Ich komme wieder!«

BAR … hier verbringt der Athener seine Abende. Noch sind sie nicht in den üblichen Stadtführern zu finden!

REZEPT … gekocht von unseren Insidern bzw. für diese in ihren Lieblingslokalitäten. Echt griechisch – einfach nachkochen!

RESTAURANT … hier is(s)t Athen. Wenn man ein Gefühl für die Stadt bekommen möchte, sollte man einige der Restaurant-Tipps unbedingt aufsuchen.

INHALT

008 PSIRRÍ & OMONIA
- 012 CACAO ROCKS »STREET-ART-KÜNSTLER *TAVERNA ANAPSYKTERION
- 020 SPYROS MALTEZOS »FILMEMACHER *TAVERNA AVLI
- 026 TIPPS PSIRRÍ
- 028 NIKOS UND ELENI »FRISEURSALON: LEMONPOPPY SEED
- 030 LIANKA »*RESTAURANT NONNA
- 040 *MAVROS GATOS
- 052 TIPPS OMONIA

054 EXARCHIA
- 058 *AMA LACHEI AT NEFELI'S
- 062 KATRIN & CHRIS »HERAUSGEBER »SHEDIA«
- 068 TIPPS EXARCHIA

070 KOLONAKI
- 073 TIPPS KOLONAKI
- 074 KATIA PASCHOU »OPERNSÄNGERIN
- 078 STRATOS »*DRAKOULIS

086 MONASTIRAKI
- 091 PETROS MARKARIS »SCHRIFTSTELLER *POEMS N'CRIMES ART BAR
- 098 JOJO *BAR SIX DOGS
- 107 *PAME TSIPOURO PAME KAFENEIO
- 113 TIPPS MONASTIRAKI

116 PLAKA & AKROPOLIS
- 123 *SKALES
- 125 *KLEPSIDRA

126 GAZI & KERAMEIKOS
- 130 GOGO »KÖCHIN UND BLOGGERIN *BIOS
- 140 GEORGIANNA HILIADAKI UND NIKOS ROUSSOS »BETREIBER *FUNKY GOURMET
- 148 GEORGINA LIOSI »SCHAUSPIELERIN

152 METS
- 154 *TAVERNA VIRINIS
- 157 *TO KRIFTO
- 158 KATERINA »ARCHITEKTIN
- 160 TIPPS METS

162 KOUKAKI
- 166 ATHINA UND GIORGOS »RESTAURANTBESITZER *FABRICA TOU EFROSINOU
- 174 TIPPS KOUKAKI

176 PANGRATI
- 178 PENNY BALTATZI »SÄNGERIN
- 182 *MAVRO PROWATO
- 184 *FRATER & SOROR

186 PIRÄUS & UMLAND
- 188 PIRÄUS
- 191 INO »STREET-ART-KÜNSTLER

192 VOULIAGMENI
- 193 GEORGE PERRIS »SÄNGER
- 194 *RESTAURANT GARBI

202 KIFISIA
- 205 ALEXANDRA & PAFS

212 METHANA
- 215 ANDREAS DEFFNER »AUTOR
- 216 *TAVERNA THEO

212 ALIMOS
- 222 EMMANOUELA KOKKALI »BLOGGERIN: EATING AROUND

236 MAX HERRE

*TAVERNEN & RESTAURANTS

REZEPTE

019	IMAM BAYILDI — GEFÜLLTE AUBERGINEN *TAVERNA ANAPSYKTERION
024	OMELETT MIT PASTRAMI *TAVERNE AVIL
032	REIS À LA LIANKA *RESTAURANT NONNA
034	COCONUT-CURRY MIT KARTOFFELN *RESTAURANT NONNA
036	DAKOS-SALAT MIT PESTO *RESTAURANT NONNA
036	ERDBEER-FETA-SALAT *RESTAURANT NONNA
038	GRIECHISCHE REISNUDELN MIT PILZEN *RESTAURANT NONNA
041	RAKOMELO *MAVROS GATOS
042	ROTE-BETE-SALAT MIT JOGHURT UND WALNÜSSEN *MAVROS GATOS
042	GEKOCHTE WILDKRÄUTER MIT KIRSCHTOMATEN *MAVROS GATOS
044	SAGANAKI MIT SOUTZOUKAKIA UND FETA *MAVROS GATOS
046	TRACHANAS IM OFEN MIT PIKANTER WURST *MAVROS GATOS
048	HUHN »CHEF VAIOS« *MAVROS GATOS
059	SPINAT-WILDKRÄUTER-SALAT *AMA LACHEI AT NEFELI'S
060	BULGURSALAT MIT BIRNE *AMA LACHEI AT NEFELI'S
060	FAVA *AMA LACHEI AT NEFELI'S
066	GRÜNE-BOHNEN-KAROTTEN-EINTOPF KATRIN & CHRIS
066	ROTE-BETE-SALAT KATRIN & CHRIS
076	KATAIFI MIT KÄSEFÜLLUNG KATIA
080	GYROS THE NEXT LEVEL *DRAKOULIS
082	WAGYU STRIPLOIN TATAKI *DRAKOULIS
084	BLACK-STEAK-BURGER *DRAKOULIS
096	TOMATENSALAT MIT ZIEGENKÄSE *POEMS N'CRIMES ART BAR
101	COCKTAIL »DRUNK KING« *BAR SIX DOGS
102	FRÜHSTÜCKSSNACK *BAR SIX DOGS
104	BÁNH MÌ CHICKEN *BAR SIX DOGS
108	TOMATENFRIKADELLEN *PAME TSIPOURO PAME KAFENEIO
109	FETA MIT SESAMKRUSTE UND HONIG *PAME TSIPOURO PAME KAFENEIO
110	SCHWEINEPFÄNNCHEN MIT WEIN UND OREGANO *PAME TSIPOURO PAME KAFENEIO
114	SALEPI
115	SESAMKRINGEL
122	HALVA MIT GRIESS *SKALES
122	GRIECHISCHER MOKKA *SKALES
134	ZWIEBELKUCHEN *GOGO/BIOS
136	PILZPFANNE MIT HALLOUMI *GOGO/BIOS
137	FRÜHSTÜCKSTORTILLA À LA GOGO *GOGO/BIOS
138	FISCHFILET MIT PANKO-KRUSTE *GOGO/BIOS
144	»FALSCHES« EI *FUNKY GOURMET
146	GEFÜLLTES WEINBLATT MIT EI-ZITRONEN-SAUCE *FUNKY GOURMET
155	GEBACKENE BOHNEN IN TOMATENSAUCE *TAVERNA VIRINIS
157	COCKTAIL »SWEET VICTORIA« *TO KRIFTO
159	MUSCHELN À LA KATERINA KATERINA
168	GEFÜLLTE WEINBLÄTTER MIT LAMM *FABRICA TOU EFROSINOU
170	ZUCCHINISALAT *FABRICA TOU EFROSINOU
170	KAROTTENSALAT *FABRICA TOU EFROSINOU
172	ICLI KÖFTE — GEFÜLLTE BULGURBÄLLCHEN *FABRICA TOU EFROSINOU
175	CITRUS-TARTE *LITTLE TREE BOOKS AND COFFEE
180	PENNYS APFELKUCHEN PENNY BALTATZI
183	TOMATENSALSA *MAVRO PROWATO
184	CROISSANT MIT VANILLECREME UND KIWI-SAUCE *FRATER & SOROR
196	GEGRILLTER TINTENFISCH AUF WARMER KARTOFFELCREME *RESTAURANT GARBI
198	ALGENSALAT *RESTAURANT GARBI
200	LANGUSTEN IN ZAUBERSAUCE *RESTAURANT GARBI
207	FISCHFILETS IN SALZ GEGART ALEXANDRA & PAFS
208	AAL AUS DEM OFEN ALEXANDRA & PAFS
210	WOLFSBARSCH IN ZEITUNGSPAPIER ALEXANDRA & PAFS
217	ZWIEBELKÜCHLEIN *TAVERNA THEO
218	FRITTIERTE TINTENFISCHE
218	GRIECHISCHER BAUERNSALAT
224	POWER-SCHOKOLADENKEKSE À LA EMMANOUELA EMMANOUELA
226	JOGHURT-SCONES EMMANOUELA
235	EIER MIT TOMATEN

Psirrí

oder Psiri oder Psyrri oder Psyri

… GEHÖRT ZU DER AUS DREI STADTTEILEN BESTEHENDEN ATHENER ALTSTADT. BISHER IST ES VON DEN TOURISTEN NOCH NICHT SO WAHRGENOMMEN WORDEN, WEIL ES EHER UNAUFFÄLLIG UND WENIGER ROMANTISCH DAHERKOMMT – DAFÜR IST ES UMSO AUTHENTISCHER. ES IST EIN SEHR URBANES STADTVIERTEL, WELCHES DIE ATHENER NOCH FAST FÜR SICH HABEN.

Bis Anfang der 1990er-Jahre des letzten Jahrhunderts hatte Psirrí noch einen eher schlechten Ruf, mittlerweile gehört es zu den angesagtesten Vierteln Athens. Es liegt mitten im Zentrum und grenzt an den Stadtteil Monastiraki.

Psirrí ist geprägt von einer Mischung aus vielen kleinen Handwerksläden, Asia-Shops, typisch griechischen Tavernen, aber auch edlen Cafés und Bars. Das sorgt für die ganz besondere Atmosphäre dieses Viertels und genauso unterschiedlich wie das Straßenbild sind auch die Menschen hier.

Der zentrale Platz in Psirrí ist die Platia Iroon, der Heldenplatz. Von ihm aus führen sternförmig die nach griechischen Helden benannten Straßen ins Viertel. Folgt man ihnen, kommt man vorbei an vielen kleinen Läden, die teilweise schon seit Generationen Stoffe, Antiquitäten, handgemachte Möbel, Herrenhüte und andere Dinge verkaufen. Oft kann man die Besitzer dabei beobachten, wie sie vor ihren Läden stehen oder gerade mit einem Kunden um den Preis handeln – in einer der größten Städte Europas ein ungewöhnliches Bild, man fühlt sich fast in eine andere Zeit versetzt.

Und was bei einem Rundgang durch Psirrí auch sofort ins Auge sticht: Street-Art. Die Krise in Griechenland hat zahlreiche Künstler inspiriert, es gibt kaum eine Fläche in Athen, die nicht von einheimischen und internationalen Street-Art-Künstlern genutzt wurde. Sogar in den kleinen verwinkelten Gassen fernab des Touristenstroms gibt es immer wieder eine neue »Leinwand« zu entdecken. Die ganze Stadt wird zur Galerie.

PSIRRI

CACAO ROCKS

YASSONAS LEONDIOS IST EIN BEKANNTER STREET-ART-KÜNSTLER. UNTER DEM PSEUDONYM »CACAO ROCKS« HAT ER SICH EINEN NAMEN IN DER SZENE GEMACHT. PSIRRÍ IST DAS ZENTRUM SEINER WELT, ER LEBT, WOHNT UND ARBEITET HIER.

EINEN GROSSTEIL SEINES LEBENS HAT ER AUF DER INSEL KORFU VERBRACHT. JETZT HAT ER SICH MITTEN IN ATHEN SELBST SEINE EIGENE KLEINE INSEL ERSCHAFFEN, MITTEN IM TRUBEL DER GROSSSTADT. JEDES WOCHENENDE FÄHRT ER LOS ANS MEER ODER IN DIE BERGE. VON DIESEN TRIPS BRINGT ER IMMER ETWAS MIT — EIN BESONDERS SCHÖNES STÜCK HOLZ ODER EINEN TIERSCHÄDEL. »GESCHENKE DER NATUR«, WIE ER SAGT. SIE FINDEN IHREN PLATZ IN SEINEM KLEINEN HINTERHOF-GARTEN, DEN ER SICH GERADE SELBST ANLEGT.

BESONDERS STOLZ IST ER AUF EINE ARBEIT FÜR DIE STADT: EIN KLEINES, ABER WICHTIGES GEBÄUDE ZU GESTALTEN. IN DIESEM WERDEN JEDEN MITTAG SPEISEN FÜR MENSCHEN ZUBEREITET, DIE NICHTS HABEN UND DANKBAR DAFÜR SIND, EINE WARME MAHLZEIT ZU BEKOMMEN. DIE ARBEIT TRÄGT DEN TITEL »VERLORENE SÄULEN« (UNTEN). VORBILDER FÜR DAS GRAFFITO SIND

DIE SÄULEN DER AKROPOLIS UND DES PARTHENON-TEMPELS. SIE SYMBOLISIEREN GRIECHISCHE WERTE UND ERRUNGENSCHAFTEN WIE DEMOKRATIE, PHILOSOPHIE UND WISSENSCHAFTEN. DER VERLUST DIESER ANTIKEN SÄULEN – DIE ORIGINALE STEHEN SEIT ANFANG DES 19. JAHRHUNDERTS IM BRITISH MUSEUM IN LONDON – SIND STELLVERTRETEND FÜR DEN VERLUST DER WERTE UND SOLLEN SINNBILD FÜR DIE MODERNE KRISE GRIECHENLANDS SEIN.

ER IST VIEL GEREIST, HAT IN VERSCHIEDENEN LÄNDERN GELEBT UND SICH DORT SEINE INSPIRATIONEN GEHOLT. WO ER IRGENDWANN LEBEN WIRD, DAS WEISS ER NICHT. ALLES IST OFFEN. DAS LEBEN ... ES WIRD NACH »GRIECHISCHER ART« GELEBT. NACH DEM GEFÜHL ENTSCHIEDEN. IM HIER UND JETZT.

CACAO ATELIER
SARRI 12 | 10553 ATHEN
CACAOROCKS.BLOGSPOT.COM

ELI-TIPP

ES MACHT WIRKLICH GROSSE FREUDE, DURCH PSIRRÍ ZU GEHEN UND CACAOS WERKE ZU »ENTDECKEN«! SO UNTERSCHIEDLICH SEINE ARBEITEN AUCH SIND, MAN ERKENNT SIE IMMER SCHON VON WEITEM AN DEN FARBEN UND DEM GANZ EIGENEN STIL.

MIT EINEM »CACAO-ROCKS-RUNDGANG« HAT MAN EINE WUNDERBARE UND KOSTENLOSE »AUSSTELLUNG« GESEHEN UND GLEICHZEITIG DAS VIERTEL ENTDECKT.

PSIRRÍ

»AM LIEBSTEN ESSE ICH MEINEN MITTAGSTISCH IN DER TAVERNE ANAPSYKTERION — ES SCHMECKT WIE ›DAHEIM‹ BEI MAMA.« CACAO ROCKS

TAVERNA ANAPSYKTERION

DIESE KLEINE BESONDERE TAVERNE FINDET MAN NICHT EINFACH SO! SIE IST EIN WIRKLICHER GEHEIMTIPP. VERSTECKT IN EINER KLEINEN SEITENSTRASSE IN PSIRRÍ UND AUF DEN ERSTEN BLICK NICHT ZU ERKENNEN ALS LOKAL. DAS BESONDERE: BEI GIORGOS UND RITSA GIBT ES JEDEN TAG EIN ANDERES GERICHT. IMMER TRADITIONELL. IMMER GRIECHISCH. IMMER WIE VON »MAMA« GEKOCHT. VIELE NACHBARN KOMMEN ZUM ESSEN – AUCH VIELE, DIE SONST ALLEINE ZU HAUSE WÄREN. HIER FINDEN SIE GESELLSCHAFT UND EIN OFFENES OHR. SCHNELL IST MAN INS GESPRÄCH GEKOMMEN. NACH NUR WENIGEN MINUTEN IN DIESER TAVERNE KENNT MAN DIE HALBE NACHBARSCHAFT. UND IHRE GESCHICHTEN. INKLUSIVE ALTER FOTOS VON FRÜHER. UND DAS BESTE: BEI RITSA DARF MAN IN DIE TÖPFE SCHAUEN!

SARRI 22 | 10553, ATHEN

PSIRRÍ

»Der Imam fiel in Ohnmacht«

IMAM BAYILDI – GEFÜLLTE AUBERGINEN

für 6 Portionen

ZUTATEN
6 mittelgroße Auberginen
50 ml Olivenöl
5 große Gemüsezwiebeln, in dünne Scheiben geschnitten
1 große Karotte, fein gewürfelt
1 kleines Stück Staudensellerie, fein gewürfelt
6 Knoblauchzehen, fein gewürfelt
3 EL Tomatenmark
2 EL Paprikamus
50 ml trockener Weißwein
600 g Tomaten aus der Dose, klein geschnitten
Salz
frisch gemahlener schwarzer Pfeffer
½ Bund glatte Petersilie, fein gehackt

ARBEITSZEIT
40 Minuten
60–70 Minuten Kochzeit und
ca. 60 Minuten zum Abkühlen

ZUBEREITUNG
- Die Auberginen waschen – von den Stielblättern und dem Stiel befreien – und der Länge nach durchschneiden. In Alufolie wickeln und für ca. 1 Stunde bei 180 °C in den Ofen schieben.
- Einen Topf mit dem Olivenöl erhitzen. Die Zwiebeln hineingeben und kurz anbraten. Dann die Karotte, den Staudensellerie und die Knoblauchzehen zugeben. Gut durchschwenken. Das Tomatenmark und das Paprikamus hinzugeben. Alles gut miteinander vermischen und mit dem Weißwein ablöschen. Dann die Tomatenstücke aus der Dose hinzugeben. Mit Salz und Pfeffer würzen. Das Ganze jetzt für ca. 20 Minuten köcheln lassen. Bei Bedarf noch etwas Wasser hinzugeben.
- Die Auberginen aus dem Ofen nehmen und das Innere vorsichtig mithilfe eines Löffels herausnehmen. Das Auberginenfleisch jetzt ganz klein schneiden und mit dem Tomaten-Gemüse vermischen.
- Die ausgehöhlten Auberginen mit Salz und Pfeffer würzen und mit dem Tomaten-Gemüse füllen.
- Auf ein großes Backblech geben, das vorher gut mit Olivenöl eingeölt wurde.
- Etwas Wasser um die Auberginen angießen und bei 180 °C ca. 1 Stunde im Ofen garen.
- Nach Geschmack vor dem Anrichten noch etwas Olivenöl und frische glatte Petersilie darübergeben.
- Das Ganze einfach so in der Form servieren – und dazu Brot und griechischen Joghurt reichen!

TIPP! Hervorragend passt auch ein klassischer griechischer Bauernsalat dazu!

ATHENS
ATHENS
ATHENS
ATHENS

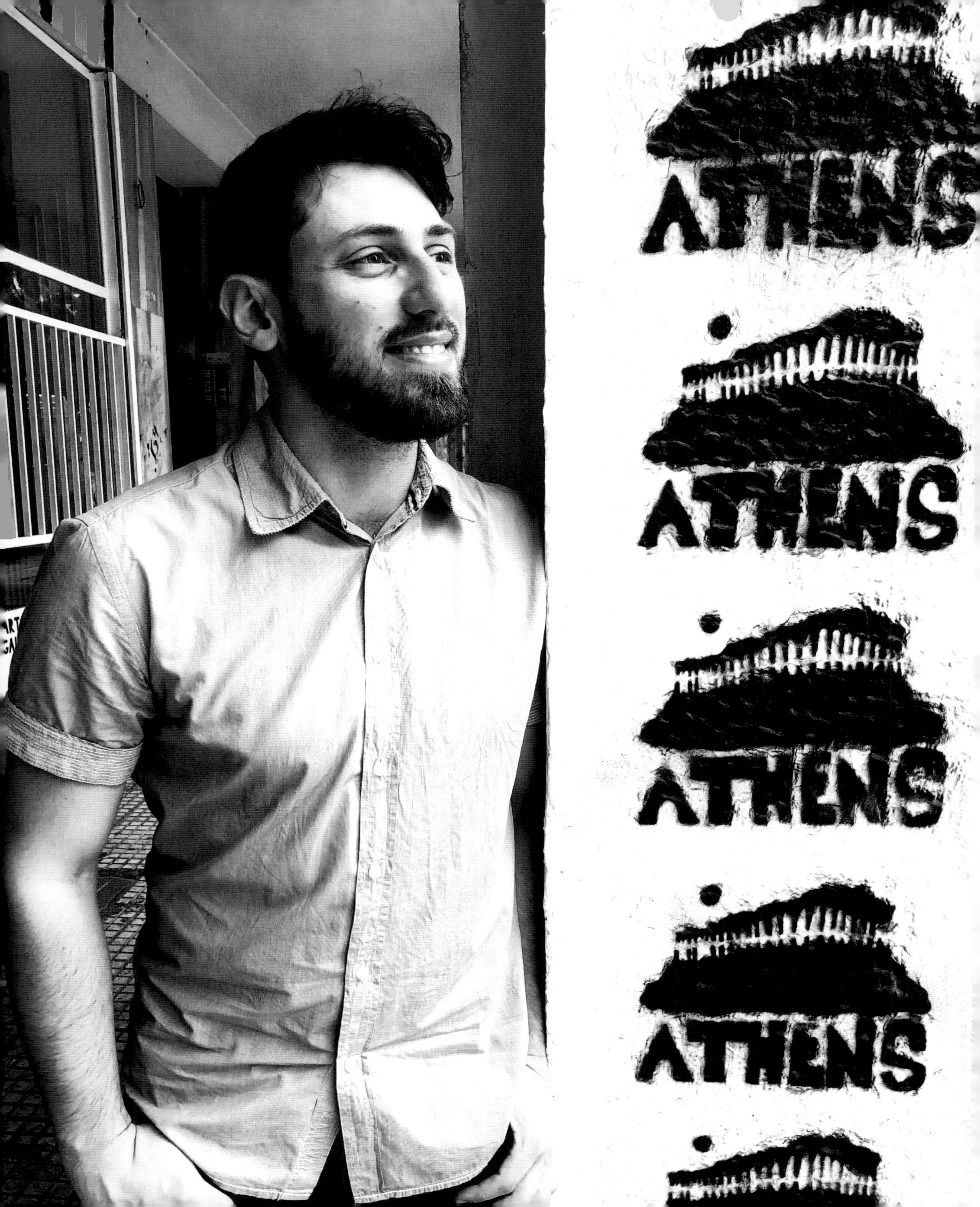

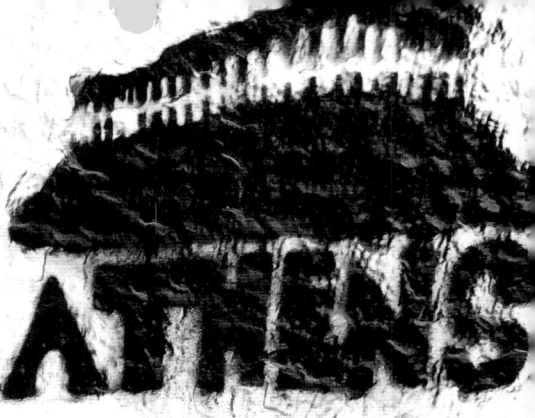

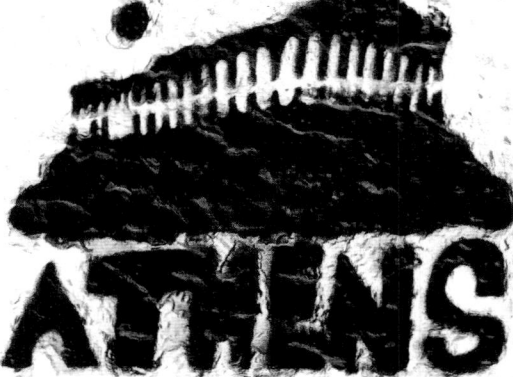

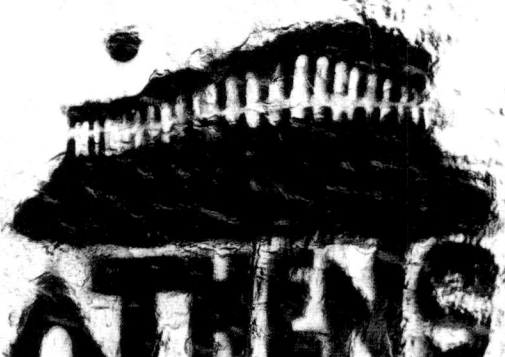

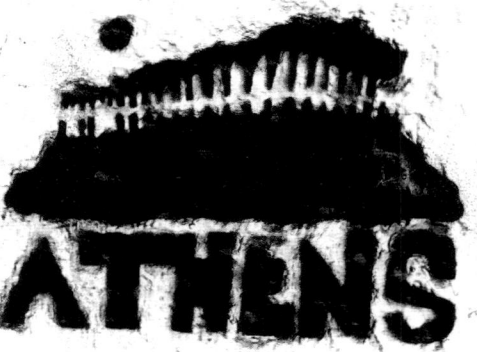

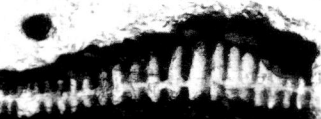

SPYROS.
Ein Reisender.
Ein Bildmensch.
Ein Filmemacher.

ER IST IN ATHEN GEBOREN UND AUF DER HALB-INSEL METHANA AUFGEWACHSEN. NACH DEM ABITUR STUDIERTE ER FILM IN ITALIEN. FILME UND BILDER, DAS WAREN SCHON IMMER SEINE LEI-DENSCHAFTEN. DAS STUDIUM IN ITALIEN WAR DIE IDEE SEINER MUTTER. »DER JUNGE MUSS GLEICH IN DIE WELT RAUS. IRGENDWO IN DIE FREMDE, DAMIT ER DAS LEBEN LERNT!«

ER HAT VIEL VON SEINER MUTTER ASPASIA. IHRE TOLERANZ UND OFFENHEIT UND DEN BLICK FÜRS SCHÖNE. DAS SPÜRT MAN IN JEDER FILM-SEQUENZ.

IN SEINEM FILMPROJEKT »EINAIVIDEO« POR-TRÄTIERT ER BEKANNTE ATHENER PERSÖNLICH-KEITEN — UND ZWAR GANZ NAH UND INTIM.

SPYROS STEHT FÜR DAS JUNGE ATHEN: ER GEHÖRT ZUR »NEUEN GENERATION«, MIT IHRER BESONDEREN ENERGIE UND EINEM UNBÄNDIGEN ENTHUSIASMUS! MENSCHEN, DIE NACH VORNE SCHAUEN UND NICHT ZURÜCK. NICHT VER-WUNDERLICH ALSO, DASS CACAO ROCKS UND ER SICH GUT KENNEN.

MIT KUNST IN GRIECHENLAND SEINE EXISTENZ ZU FINANZIEREN? »UNMÖGLICH«, WÜRDEN WOHL DIE MEISTEN MENSCHEN SAGEN. SPYROS UND VIELE ANDERE IN DIESER GENERATION SAGEN: »WENN NICHT JETZT, WANN DANN?« ANGST VOR DEM SCHEITERN GIBT ES NICHT.

»DA, WO NICHTS IST, KANNST DU AUCH NICHTS VERLIEREN!« SPYROS

ELI-TIPP

 VON AUSSEN BETRACHTET IST ATHEN EINE STADT MIT 5 MILLIONEN MENSCHEN, DIE HÄLFTE DER GRIECHISCHEN BEVÖLKERUNG LEBT HIER. TROTZDEM IST ES HIER EIN BISSCHEN WIE IN EINEM DORF. VIELE WICHTIGE ZENTRALE PUNKTE UND VIERTEL SIND ZU FUSS SEHR GUT ZU ERREICHEN! ALSO BEFOLGEN WIR DEN TIPP VON SPYROS UND LAUFEN EINFACH LOS. UND AB UND AN EIN GUTES ESSEN ODER EINEN MOKKA UND EINFACH ENTSPANNEN UND FÜHLEN.

TAVERNA AVLI

Wohl eine der kleinsten Türen der Welt. Sobald man diesen kleinen bunten Eingang gefunden hat und durch den sehr schmalen Gang gelaufen ist, fühlt man sich plötzlich wie auf einer Kykladeninsel. Eine ganz andere, eigene Welt – mitten in dieser Grossstadt.
Die Taverne Avli ist sehr liebevoll und detailverliebt eingerichtet. Hier isst man Meze, griechische Vorspeisen. Verschiedenste kleine Gerichte kommen gleichzeitig auf den Tisch und jeder nimmt sich, was er mag. Dazu ein eiskaltes Bier oder einen Tsipouro. Hier erlebt man ein ganz anderes Stück Athen.

Agiou Dimitriou 12 | 10554 Athen

OMELETT MIT PASTRAMI

»Omeleta me Pastourmas«

für 1 großes Omelett / 2 Portionen

ZUTATEN
1 Zwiebel
150 g Pastrami*
6 Bio-Eier
3 EL Milch
Salz
frisch gemahlener schwarzer Pfeffer
Olivenöl zum Braten

Anstatt Pastrami kann man auch Feta-Käse nehmen – auch sehr lecker! Das ist ein sehr typisches griechisches Frühstück! Oder eben perfekt für ein »Meze-Essen«!

ZUBEREITUNG

- Die Zwiebel schälen und in Streifen schneiden. Pastrami in kleine, mundgerechte Stücke schneiden.
- Die Eier trennen, das Eiweiß steif schlagen. Eigelb mit der Milch, dem Salz und dem Pfeffer mischen. Das Eiweiß gründlich unterheben und vorsichtig mischen.
- Eine beschichtete Pfanne mit Olivenöl erhitzen. Die Zwiebelstücke darin glasig werden lassen, Pastrami hineingeben und kurz durchschwenken. Dann die Ei-Masse hinzugießen und gleichmäßig verteilen. So lange bei schwacher Hitze braten, bis die Masse stockt. Dann wenden und noch mal für 2–3 Minuten von der anderen Seite braten, bis das Ganze etwas Farbe bekommt.
- Die Pfanne nicht zu heiß werden lassen, sonst wird es schnell zu trocken!

PSIRRÍ

VORAB: HIER AM BESTEN RESERVIEREN, DENN ES GIBT NUR WENIGE PLÄTZE! DIE CINQUE WINE & DELI BAR GILT ALS BESTE WEINBAR IN ATHEN! DIE AUSGEZEICHNETE AUSWAHL AN GRIECHISCHEN WEINEN UND DER PROFESSIONELLE SERVICE HABEN DEM LOKAL SCHON VIELE AUSZEICHNUNGEN EINGEBRACHT.

CINQUE WINE & DELI BAR | AGATHARCHOU 15 | 10554 ATHEN

IM BAD TOOTH GIBT ES GUTEN KAFFEE IN SEHR ENTSPANNTER ATMOSPHÄRE! SITZT MAN EINMAL AUF DER KLEINEN AUSSENTERRASSE, MÖCHTE MAN NICHT MEHR AUFSTEHEN!

BAD TOOTH | KAKOURGODIKEIOU 6 | ATHEN 10554

LIEGT IN EINER RUHIGEN SEITENSTRASSE MIT KLEINEN, TOLLEN LÄDEN! HIER KANN MAN TOLL FRÜHSTÜCKEN ODER ABENDS ZU GUTER MUSIK AUSGEZEICHNETE MEZE ESSEN. EINE GELUNGENE MISCHUNG AUS PUNK-BAR, OUZERIE UND CAFÉ. TYPISCH ATHEN.

MINIBAR BISTRO | NAVARCHOU APOSTOLI 16 | 10554 ATHEN

GUTE COCKTAILS IN EINER WIRKLICH SEHR BESONDEREN, FARBENPRÄCHTIGEN LOCATION! WER APPETIT MITBRINGT: IM DAZUGEHÖRIGEN RESTAURANT GLEICH GEGENÜBER WIRD DIE PAELLA DIREKT VOR DER TÜR ZUBEREITET!

DOS GARDENIAS | IVIS 21 | 10554 ATHEN

DAS JUAN RODRIGUEZ IST BAR-KUNST VOM FEINSTEN! UND STEHT MIT SEINEM STIL UND AMBIENTE GANZ FÜR SICH. SOBALD MAN DIE BAR BETRITT, FÜHLT MAN SICH WIE IN EINER ANDEREN WELT. UND NACH EINEM MOJITO ZU VIEL IST MAN »LOST IN KUBA«!

ES MACHT EINFACH FREUDE, DEN BARKEEPERN ZUZUSEHEN, WIE SIE GANZ LÄSSIG PERFEKTE COCKTAILS MIXEN. ALS BEGLEITUNG ZU DEN DRINKS GIBT ES AUSGEWÄHLTE KULINARISCHE »KLEINIGKEITEN«. DER GESAMTE SERVICE HIER IST EXZELLENT. SCHON BEI DER BEGRÜSSUNG AN DER TÜR FÜHLT MAN SICH MEHR ALS WILLKOMMEN! DER BESITZER DER BAR IST EINE GASTRO-GRÖSSE IN ATHEN UND HAT SCHON SEIT JAHRZEHNTEN DAS HÄNDCHEN DAFÜR, ZUR RICHTIGEN ZEIT AM RICHTIGEN ORT GANZ BESONDERE BARS UND RESTAURANTS ZU ERÖFFNEN. IM JUAN RODRIGUEZ IST ALLES BIS INS LETZTE DETAIL DURCHDACHT UND MIT VIEL LIEBE INSZENIERT – KNAPP AN DER GRENZE ZUM KITSCH, ABER OHNE DABEI AUFGESETZT ZU WIRKEN. HINGEHEN. ANSCHAUEN. GENIESSEN!

JUAN RODRIGUEZ BAR | PALLADOS 3 | 10554 ATHEN

LISA SARIGIANNIDOU, MODISTIN AUS LEIDENSCHAFT, HAT SICH MIT IHREM ATELIER EINE EIGENE KLEINE WELT GESCHAFFEN: EINE MISCHUNG AUS ARBEITSRAUM UND LADEN. DIE LIEBE ZUM BERUF HAT SIE VON IHREM VERSTORBENEN VATER VERERBT BEKOMMEN – EINSCHLIESSLICH SEINER ALTEN MASCHINEN, DIE AUSSEHEN, ALS WÜRDEN SIE AUS EINEM MUSEUM STAMMEN. HIER KREIERT LISA, GANZ NACH HERKÖMMLICHER, TRADITIONELLER HANDWERKSKUNST, IHRE HÜTE.

SAVAPILE | AGIAS ELEOUSIS 14 | 10554 ATHEN

EINE SIEBDRUCKEREI. EIN ATELIER. EIN RAUM FÜR AUSSTELLUNGEN. WER SEHEN UND FÜHLEN LIEBT, IST HIER RICHTIG. FÜR DIE OHREN GIBT ES IM SOMMER TOLLE LIVEKONZERTE.

TYPEROOM | TAKI 14 | 10554 ATHEN

PSIRRÍ

NIKOS & ELENI

DAS LEMON POPPY SEED IST EINER DER ANGESAGTESTEN FRISEURSALONS IN ATHEN. HIERHER KOMMT MAN, UM SICH EINEN NEUEN SCHNITT ODER STYLE VERPASSEN ZU LASSEN. EGAL OB HAARSCHNITT ODER TYPBERATUNG, EIN BESUCH IM LEMON POPPY SEED IST IMMER VERBUNDEN MIT VIEL HERZLICHKEIT IN EINER GANZ PERSÖNLICHEN ATMOSPHÄRE.

BETREIBER UND FRISEUR NIKOS IST EIN EHER STILLER MENSCH UND MAG KEINE GROSSE SHOW UM SEINE PERSON. DURCH SEINE RUHIGE ART BESITZT ER EINE UNGLAUBLICHE AUSSTRAHLUNG. MANAGERIN ELENI IST DIE GUTE SEELE DES SALONS. SIE BEGRÜSST JEDEN MIT IHREM GANZ EIGENEN STRAHLEN.

NIKOS LIEBT LONDON UND DEN STYLE DIESER STADT. DORT HOLT ER SICH IMMER WIEDER NEUE INSPIRATIONEN. SEIN HERZ GEHÖRT ABER GANZ KLAR ATHINA!

»ATHEN IST FÜR MICH DIE GROSSZÜGIGSTE STADT DER WELT! SIE SCHENKT DIR SONNE, MEER UND VIEL GESCHICHTE ...« ELENI

IM POPPY LEMON SEED FINDEN REGELMÄSSIG WORKSHOPS MIT INTERNATIONAL RENOMMIERTEN FRISEUREN STATT.

GLEICH UM DIE ECKE LIEGT DAS NONNA — EINER DER LIEBLINGSLÄDEN VON NIKOS UND ELENI.

RESTAURANT NONNA

Das Nonna von Lianka ist mehr als ein Lokal, in einer gewissen Art ist es auch ein Atelier für alles Schöne und Besondere. Hier nimmt man einfach Platz und fühlt sich wohl. Bei einem guten Essen dem Treiben auf den Strassen von Psirrí zuzusehen – das ist Glück. Und genau so offen, wie sich das Lokal von aussen präsentiert, ist auch Liankas Herz. »Here is the place of emotional cooking«, wie Lianka mit einem Strahlen im Gesicht sagt!

KAKOURGODIKIOU 6 | 10554 ATHEN

PSIRRÍ

👤 LIANKA

... LIEBT MENSCHEN UND GUTES ESSEN. SIE IST EINE POWERFRAU DURCH UND DURCH. MIT IHREM »BABY«, DEM NONNA, HAT SIE SICH EINEN LEBENSTRAUM ERFÜLLT. DAS NONNA IST RESTAURANT, CAFÉ, BAR – UND VOR ALLEM EIN TREFFPUNKT IN PSIRRÍ.

LIANKA KOMMT URSPRÜNGLICH VON DER KYKLADENINSEL ZAKYNTHOS. BEVOR SIE DAS NONNA ERÖFFNET HAT, HAT SIE EINIGE JAHRE IN BERLIN UND LONDON GELEBT UND IST AUF DER SUCHE NACH NEUEN GESCHMÄCKERN QUER DURCH DIE WELT GEREIST.

MAN KÖNNTE LIANKA STUNDENLANG DABEI ZUHÖREN, WENN SIE ÜBERS ESSEN SPRICHT. WIE SIE DIE IDEE FÜR EIN REZEPT ENTWICKELT, WIE SIE DAS GERICHT ZUBEREITET... IHRE ART ZU KOCHEN VEREINT TRADITION, WELTOFFENHEIT UND SPONTANITÄT.

REIS À LA LIANKA

für 4 Portionen

CURRYPASTE
1 Knoblauchzehe
1 TL Zimt
1 TL Nelkenpulver
1 TL frisch geriebener Ingwer
1 TL gemahlener Koriander
5 TL Tomatenmark
2 EL Sonnenblumenöl
Salz
frisch gemahlener schwarzer Pfeffer

REISPFANNE
4 Tassen Basmatireis
Salz
½ TL Kurkuma
1 Tomate
5 EL Sonnenblumenöl
1 Zwiebel, fein gehackt
1 Zucchini, in feine Stücke geschnitten
1 Karotte, gerieben
1 rote Spitzpaprika, fein geschnitten
1 EL glatte Petersilie, fein gehackt
3 EL Cranberrys
2 EL Rosinen
frisch gemahlener schwarzer Pfeffer
200 g Kichererbsen, gegart
frischer Koriander nach Belieben
optional 1 kleine Frühlingszwiebel

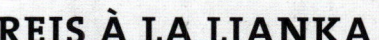

ZUBEREITUNG

- Den Basmatireis mehrere Male gründlich mit Wasser ausspülen. Einen Topf mit Wasser, Salz und dem Kurkuma zum Kochen bringen und den Reis darin für 7–8 Minuten köcheln lassen, sodass er noch sehr al dente ist.
- Die Tomate mit heißem Wasser übergießen, die Haut entfernen und in kleine Stücke schneiden.
- Jetzt die Currypaste herstellen. Dafür einfach gründlich alle Zutaten und Gewürze miteinander vermengen.
- Eine Pfanne mit dem Sonnenblumenöl erhitzen. Zuerst die Currypaste hineingeben, unter Rühren etwas anbraten lassen. So kommen die Röstaromen noch mehr zur Geltung. Aber Vorsicht, dass sie nicht verbrennt! Dann die klein geschnittene Tomate hineingeben. Kurz durchschwenken und die restlichen Zutaten – bis auf den Reis und die Kichererbsen – hineingeben. Alles gut miteinander verrühren. Für ein paar Minuten anbraten, bei Bedarf etwas Wasser hinzugeben.
- Dann den Reis und die Kichererbsen hinzufügen und so lange braten, bis der Reis gar ist. Immer wieder gut durchrühren, bei Bedarf etwas Flüssigkeit hinzugeben.
- Zum Schluss noch mit frischem Koriander bestreuen! Wer mag, kann noch eine kleine Frühlingszwiebel klein schneiden und darübergeben!

COCONUT-CURRY MIT KARTOFFELN

»Coconut-Curry me Patates«

für 4 Portionen

ZUTATEN
1 kg Babykartoffeln
Salz
3 EL Sonnenblumenöl
4 EL Röstzwiebeln
3 EL Currypaste (siehe Seite zuvor)
1 EL Tomatenmark
Wasser
1 Dose Kokosnussmilch
200 ml Sahne
2 TL Mandelmehl
frisch gemahlener schwarzer Pfeffer

ZUM DEKORIEREN
2 Lauchzwiebeln, in Streifen geschnitten
rosa Pfeffer
Rosinen, am besten eingelegte
Kokosnussflocken
Sesam

ZUBEREITUNG
- Kartoffeln waschen und in kochendem Salzwasser ca. 20 Minuten gar kochen. Abseihen.
- In einer tiefen Bratpfanne oder einem Wok das Öl erhitzen und die Röstzwiebeln kurz durchschwenken. Dann die Currypaste und das Tomatenmark hinzugeben, hineinrühren. Die gekochten Kartoffeln dazugeben, alles gut miteinander vermengen. 1 Glas Wasser, Kokosmilch und die Sahne hineingießen. Das Mandelmehl mit etwas Wasser anrühren und dazugeben. Das Ganze für ca. 15 Minuten köcheln lassen. Eventuell noch etwas Wasser hinzugießen. Mit Salz und Pfeffer abschmecken.
- Entweder in einer großen Schüssel servieren – mit der Sauce! Oder auf Tellern verteilen.
- Mit den Lauchzwiebeln, dem rosa Pfeffer, den Rosinen, Kokosnussflocken und Sesam ganz nach Geschmack garnieren und genießen!

PSIRRÍ

DAKOS-SALAT MIT PESTO

für 4 Portionen

BASILIKUMPESTO, 300 ML 40 g Pinienkerne | 3 Bund Basilikum | 2 Knoblauchzehen | 100 g geriebener Hartkäse (Graviera, Parmesan) | ca. 200 ml Olivenöl | Salz
SALAT 4 große, saftige Tomaten | Salz | 1 Salatgurke | 2 rote Zwiebeln | 8 Dakos | 100 ml Olivenöl | 1 EL Oregano, fein gehackt | 200 g Feta | frisch gemahlener schwarzer Pfeffer

ZUBEREITUNG

- Zuerst das Basilikumpesto herstellen. Dazu die Pinienkerne in einer Pfanne ohne Fett kurz anrösten.
- Den Basilikum waschen, trocken schleudern und die Blätter abzupfen.
- Knoblauch schälen und in grobe Stücke schneiden.
- Basilikum, Knoblauch, Hartkäse in einem Mixer pürieren – nach und nach das Olivenöl hinzugeben, bis die gewünschte Konsistenz erreicht ist. Mit etwas Salz abschmecken.
- Die Tomaten waschen und in Stücke schneiden und salzen.
- Die Gurke schälen und in mundgerechte Stücke schneiden.
- Die Zwiebeln schälen und in Streifen schneiden.
- Die Dakos (griechisches geröstetes Brot) auf vier Teller verteilen, mit etwas Olivenöl begießen.
- Tomaten, Gurken und Zwiebelstücke daraufgeben. Wieder mit etwas Olivenöl begießen. Mit dem Oregano bestreuen.
- 1–2 EL Basilikumpesto daraufgeben und mit dem Feta bestreuen.
- Mit frisch gemahlenem Pfeffer bestreuen.

ERDBEER-FETA-SALAT

für 4 Portionen

SALAT 80 g Bulgur | Salz | 2 EL eingelegte Rosinen | ca. 150 g Babyspinat | ca. 200 g frischer grüner Salat | 200 g Erdbeeren | 200 g Feta | 2 EL Kürbiskerne
DRESSING 1 EL Senf | 1 EL Honig | 1 EL Apfelessig | Saft von 1 frisch ausgepressten Orange | 6 EL Olivenöl | Salz | frisch gemahlener schwarzer Pfeffer

ZUBEREITUNG

- Bulgur zubereiten. Diesen in einen kleinen Topf geben und mit so viel heißem Wasser übergießen, dass er bedeckt ist – ca. 15 Minuten ausquellen lassen, durchrühren und salzen.
- Rosinen ebenfalls in einen kleinen Topf geben und mit Wasser bedecken. Aufkochen lassen und für 5 Minuten köcheln. Durch ein Sieb geben und abkühlen lassen.
- Den Spinat und den Salat gründlich waschen und trocken schleudern.
- Die Erdbeeren waschen, säubern und in mundgerechte Stücke schneiden.
- Für das Dressing den Senf mit Honig, Apfelessig und Orangensaft mischen – dann das Olivenöl unterrühren und mit Salz und Pfeffer abschmecken.
- Nun alle Zutaten auf einem großen Teller anrichten, mit Feta bestreuen und das Dressing darüberträufeln. Mit Kürbiskernen und frischem Pfeffer aus der Mühle bestreuen. Fertig ist das leichte Sommeressen!

GRIECHISCHE REISNUDELN MIT PILZEN

für 4 Portionen

ZUTATEN

12 getrocknete Steinpilze
250 ml Glas trockener Weißwein + etwas zum Einweichen der Steinpilze
250 g Kritharaki
2 Zwiebeln
1 Knoblauchzehe
1 Zucchini
12 getrocknete Tomaten
3 Portobello-Pilze
8 EL Olivenöl
1 Zweig Rosmarin
Salz
frisch gemahlener schwarzer Pfeffer
½ TL Paprikapulver
200 ml Sahne
100 g Hartkäse (Graviera oder Parmesan), grob gerieben
rosa Pfefferkörner zum Bestreuen

»Kritharaki me manitaria«

ZUBEREITUNG

- Zunächst die Steinpilze in etwas Weißwein einweichen. Gut ausdrücken und in Stücke schneiden.
- Die Kritharaki al dente kochen. Je nach Sorte dauert das ca. 9 Minuten. Danach gleich mit kaltem Wasser abschrecken.
- Die Zwiebeln und die Knoblauchzehe schälen und in feine Würfel schneiden.
- Die Zucchini waschen und in kleine Stücke schneiden, dabei für die Dekoration vorher etwas von der Schale mit einem Sparschäler abhobeln!
- Die getrockneten Tomaten in kleine Stücke schneiden.
- Die Portobello-Pilze säubern und in feine Scheiben schneiden.
- Eine hohe Pfanne mit dem Olivenöl erhitzen. Zuerst die Zwiebel kurz anschwitzen. Dann den Knoblauch, den Rosmarinzweig, die getrockneten Tomaten, die beiden Pilzsorten und die Zucchini dazugeben. Mit Salz und Pfeffer würzen. Paprikapulver darüberstreuen. Alles gut durchschwenken.
- Mit Weißwein ablöschen. Salzen und pfeffern. Sahne hinzugießen.
- Dann die Kritharaki hineingeben, alles gut durchschwenken und für ein paar Minuten leise köcheln lassen, bis sich alles gut miteinander verbunden hat.
- Bei Bedarf etwas Wasser hinzugeben.
- Die Kritharaki vom Herd nehmen, mit dem geriebenen Hartkäse bestreuen und vorsichtig unterrühren.
- Mit den Zucchinistreifen dekorieren und frisch gemahlenen Pfeffer sowie rosa Pfefferkörner darüberstreuen – gleich servieren!

TIPP! Kritharaki sind kleine, griechische Hartweizennudeln. Eine sehr typische Nudelsorte in Griechenland. Auch toll geeignet für einen Auflauf oder einen Nudelsalat! Natürlich kann man für dieses Gericht Gemüse und Pilze nach Wahl und Geschmack verwenden – einfach mal verschiedene Varianten ausprobieren!

MAVROS GATOS

EINES STEHT FEST: IM MAVROS GATOS, DEM SCHWARZEN KATER, IST MAN IRGENDWIE SOFORT STAMMGAST! EGAL OB MAN NACHBAR IST ODER NOCH NIE HIER WAR. MÜSSTE MAN DAS KLEINE LOKAL UND SEINEN BESITZER GIANNI MIT EINEM WORT BESCHREIBEN, WÄRE ES WOHL »WARM«. CHEFKOCH VAIOS TZANATOS ZAUBERT HIER SEINE GANZ EIGENE MODERNE INTERPRETATION TYPISCH GRIECHISCHER SPEISEN. DIE PURE ATHENER LEBENSFREUDE GIBT ES KOSTENLOS DAZU!

NAVARCHOU APOSTOLI 5 | 10554 ATHEN

ELI-TIPP

AM BESTEN EINFACH VIELE VERSCHIEDENE SPEISEN BESTELLEN UND GEMEINSAM GENIESSEN. HIER SCHMECKT EINFACH ALLES. ALS ABSCHLUSS UNBEDINGT NOCH DEN SELBST GEMACHTEN RAKOMELO GENIESSEN: EIN RAKI, GEWÜRZT MIT HONIG, ZIMT UND NELKEN. EIN TOLLES LOKAL FÜR EINEN WUNDERBAREN AUTHENTISCHEN GRIECHISCHEN ABEND — FERNAB VON DEN KLASSISCHEN TOURISTENMEILEN.

RAKOMELO

ZUTATEN 1 Liter Raki, beste Qualität | 3 EL Honig | 3 Gewürznelken | 2 Zimtstangen

ZUBEREITUNG

- Alle Zutaten in einen Topf geben, gut durchrühren und langsam erhitzen. Etwas köcheln lassen, sobald die Mischung heiß ist, vom Herd nehmen. Sonst verdampft der Alkohol, und das möchten wir nicht!

TIPP! Den Rakomelo kann man gut in der Flasche aufbewahren. Im Sommer eiskalt genossen, ist er wunderbar! Die Griechen trinken ihn gerne zur Winterzeit ganz heiß wie einen Grog. Und schwören darauf als Medizin gegen alle Erkältungen dieser Welt! Er wird auch »der Heiltrunk der griechischen Götter« genannt«!

ROTE-BETE-SALAT MIT JOGHURT UND WALNÜSSEN

für 4–6 Portionen

ZUTATEN
600 g frische Rote-Bete-Knollen
Saft und fein geriebene Schale von 2 Limetten
10 EL Olivenöl
Salz
frisch gemahlener schwarzer Pfeffer
2 Zweige Rosmarin, zerkleinert
3 Frühlingszwiebeln
1 grüner Apfel
300 g griechischer Joghurt
3 EL frischer Dill, fein gehackt
2 Knoblauchzehen, fein gehackt
100 g Walnusskerne, grob gehackt

ZUBEREITUNG
- Zunächst die Rote-Bete-Knollen gründlich waschen und von Strunk und Blättern säubern. Dabei ein paar schöne Blätter für die Deko zur Seite legen!
- Die Rote-Bete-Knollen vierteln und mit dem Saft von einer Limette und 5 EL Olivenöl, Salz und Pfeffer vermischen.
- Den Rosmarin daraufgeben und das Ganze im Ofen bei 180 °C für ca. 1 1/2 Stunden backen, bis sie weich sind. Zwischendurch immer mal wieder wenden. Danach auskühlen lassen.
- Die Haut abziehen und in kleine Stücke schneiden.
- Die Frühlingszwiebeln waschen und in feine Ringe schneiden.
- Den Apfel waschen und grob reiben.
- Das Dressing zubereiten. Dazu 100 Gramm Joghurt mit dem restlichen Limettensaft und Olivenöl, Limettenschale, Dill und Knoblauch gründlich miteinander verrühren. Mit Salz und Pfeffer abschmecken und mit den Walnusskernen verrühren.
- In einer Schüssel die Rote Bete mit den Frühlingszwiebeln und dem geriebenen Apfel vermischen. Das Dressing dazugeben und alles gründlich miteinander vermengen.
- Anrichten und mit dem restlichen Joghurt bedecken.

GEKOCHTE WILDKRÄUTER MIT KIRSCHTOMATEN

für 4–6 Portionen

ZUTATEN
1 kg Wildkräuter
Eiswürfel zum Abschrecken
300 g Kirschtomaten
6 EL Olivenöl + etwas mehr zum Beträufeln
2 Schalotten, fein gewürfelt
Salz
frisch gemahlener Pfeffer
Saft und fein geriebene Schale von 1 Zitrone

ZUBEREITUNG
- Zuerst die Wildkräuter gründlich waschen. Wasser in einem großen Topf zum Kochen bringen und die Wildkräuter darin für 4–5 Minuten blanchieren. Über einem Sieb abseihen.
- Eine große Schüssel mit etwas Wasser füllen, ein paar Eiswürfel hineingeben und die Wildkräuter abschrecken. So behalten sie ihre Farbe und gleichzeitig beendet es auch sofort den Kochvorgang!
- Nochmals abseihen – so weit wie möglich von Wasser befreien.
- Die Kirschtomaten waschen – den Strunk dabei dran lassen.
- Das Olivenöl in einer großen Pfanne erhitzen. Die Schalottenwürfel hineingeben und glasig werden lassen. Dann die Wildkräuter und die Kirschtomaten hinzufügen. Mit Salz und Pfeffer abschmecken. Für ca. 5 Minuten bei mittlerer Hitze braten. Am Ende noch mit dem Zitronensaft und mit Zitronenschale würzen.
- Auf einer Platte oder einzeln auf Teller anrichten.
- Ganz nach Geschmack noch mit etwas Olivenöl beträufeln.

TIPP! Der Kochsaft von Wildkräutern ist ein sehr gesunder, blutreinigender Tee! Die Griechen schwören darauf als »Heiltee«! Nach Geschmack noch Zitronensaft und/oder Honig hinzugeben!

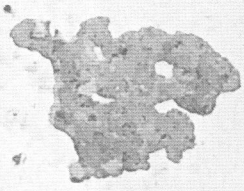

»Pantzarosalata me karydi kai giaourti«

»Chorta me tomatinia«

PSIRRÍ

SAGANAKI MIT SOUTZOUKAKIA UND FETA

für 2 Portionen

»Saganaki me Soutzoukaki ke feta«

ZUTATEN
1 Zwiebel
2 Tomaten
200 g Souzouki (alternativ Salsiccia oder Chorizo)
6 EL Olivenöl
½ TL Paprikapulver
½ EL Tomatenmark
1 EL Thymian, fein gehackt
1 TL Boukovo (oder Pul Biber)
Salz
frisch gemahlener schwarzer Pfeffer
2 Bio-Eier
200 g Feta

ZUBEREITUNG
- Die Zwiebel schälen und in feine Streifen schneiden. Die Tomaten waschen und in kleine Stücke schneiden. Die Wurst in mundgerechte Scheiben schneiden.
- In einer ofenfesten Pfanne das Olivenöl erhitzen und die Zwiebeln darin glasig braten. Die Wurststücke hineingeben. Mit dem Paprikapulver, dem Tomatenmark, dem Thymian und dem Boukovo abschmecken. Mit Salz und Pfeffer würzen.
- Die Eier vorsichtig über das Pfannengericht aufschlagen. Den Feta darüberbröseln. Das Ganze für ca. 10 Minuten in den Ofen bei 180 °C geben, bis die Eier gestockt sind. Und gleich servieren!
- Wer mag, kann noch etwas Paprikapulver und frische Kräuter dazugeben!

GESETZE HIN ODER HER: JEDER HAT DIE FREIHEIT, DAS ZU TUN, WAS ER MÖCHTE – SOLANGE ES NIEMAND ANDEREN STÖRT (MIT BILLY WAGNER – EINEM BEKANNTEN SOMMELIÈRE AUS DEUTSCHLAND – ZU BESUCH IM MAVROS GATOS).

TRACHANAS IM OFEN MIT PIKANTER WURST

für 4–6 Portionen

ZUTATEN
1 Zwiebel
400 g pikante Wurst (wie Souzouki, alternativ Salsiccia oder Chorizo)
7 EL Olivenöl
etwas Tomatenmark
1 EL Boukovo (oder Pul Biber)
1 TL Paprikapulver
3 Stängel frischer Oregano, fein gehackt
600 g Tranchanas, sauer
Salz
frisch gemahlener schwarzer Pfeffer
300 g Tomaten, ganz fein gehackt
ca. 600 ml Gemüsebrühe
200 g Feta

ZUBEREITUNG
- Die Zwiebel schälen und in kleine Würfel schneiden. Die Wurst in mundgerechte Scheiben schneiden.
- Das Olivenöl in einem Topf erhitzen. Darin die Zwiebelwürfel glasig dünsten, die Wurstscheiben hineingeben und kurz anbraten, bis sie etwas Farbe bekommen. Das Tomatenmark, Boukovo, Paprikapulver und den Oregano hinzugeben. Alles gut durchschwenken.
- Trachanas hinzufügen, gut durchrühren. Mit Salz und Pfeffer würzen.
- Die Tomatenstücke hinzufügen. Mit etwas Gemüsebrühe auffüllen, köcheln lassen und immer wieder mit Brühe aufgießen und rühren, bis die Trachanas gar und schön cremig ist!
- Den Topf vom Herd nehmen und den Feta hineingeben. Gleich servieren!

TIPP! Trachanas wird aus Weizengrieß oder Weizenschrot hergestellt – es gibt unzählige verschiedene Varianten, je nach Region. Es gibt »süßen« Trachanas. Dieser wird mit Milch und Butter hergestellt. Und es gibt den »sauren« Trachanas, der mit Joghurt oder Buttermilch verarbeitet wird. Beide Varianten werden getrocknet angeboten! Beide bekommt man in einem gut sortierten Markt!

HUHN »CHEF VAIOS«

für 4 Portionen

HÜHNERFILETS / MARINADE

4 Hühnerfilets
2 EL mittelscharfer Senf
1 EL Thymian, fein gehackt
1 EL Honig
8 EL Olivenöl
Salz
frisch gemahlener schwarzer Pfeffer

TOMATENGEMÜSE

4 Tomaten
2 Zwiebeln
8 EL Olivenöl
Salz
frisch gemahlener schwarzer Pfeffer
2 Zweige Rosmarin
100 g Kapern
12 Kalamata-Oliven, klein gehackt
3 Pimentkörner
1 Lorbeerblatt
1 TL Boukovo (oder Pul Biber)
2 EL Basilikumblätter, fein gehackt
1 Schuss Cognac

ZUBEREITUNG

- Das Fleisch waschen und mit Küchenpapier trocken tupfen.
- Aus den weiteren Zutaten eine Marinade mischen. Dazu alle hier unter dem Fleisch aufgeführten Zutaten in eine Schüssel geben und miteinander verrühren.
- Die Hühnerfilets in die Marinade legen und zugedeckt im Kühlschrank für 1–2 Stunden marinieren.
- Die Tomaten waschen und vierteln. Die Zwiebeln schälen und in Streifen schneiden.
- Olivenöl in einer Pfanne erhitzen – das Fleisch salzen und pfeffern und im Öl scharf anbraten, bis es Farbe bekommt. Aus der Pfanne nehmen.
- Die Tomatenstücke und die Zwiebelringe hineingeben und leicht anbraten. Dann den Rosmarin, Kapern, Oliven, Pimentkörner, Lorbeerblatt, Boukovo und Basilikum hineingeben.
- Bei niedriger Hitze für ein paar Minuten köcheln lassen.
- Dann mit dem Cognac ablöschen und flambieren.
- Mit Salz und Pfeffer abschmecken.
- Zum Anrichten das Fleisch in Stücke schneiden und mit dem Tomatengemüse und dem Sud anrichten.
- Nach Geschmack noch mit Kräutern dekorieren.

»Kotopoulo »Chef Vaios«

OMO-
NIA

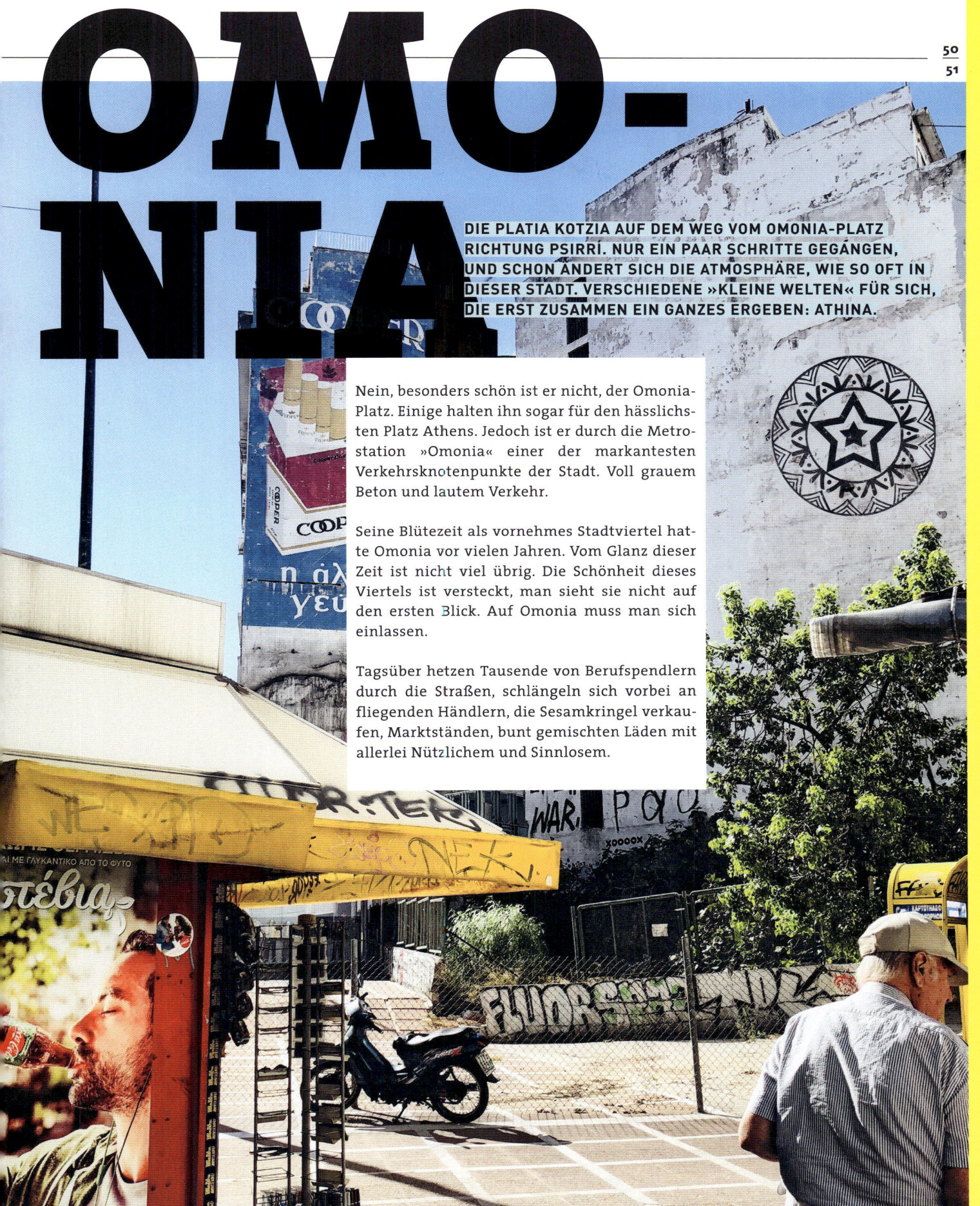

DIE PLATIA KOTZIA AUF DEM WEG VOM OMONIA-PLATZ RICHTUNG PSIRRÍ. NUR EIN PAAR SCHRITTE GEGANGEN, UND SCHON ÄNDERT SICH DIE ATMOSPHÄRE, WIE SO OFT IN DIESER STADT. VERSCHIEDENE »KLEINE WELTEN« FÜR SICH, DIE ERST ZUSAMMEN EIN GANZES ERGEBEN: ATHINA.

Nein, besonders schön ist er nicht, der Omonia-Platz. Einige halten ihn sogar für den hässlichsten Platz Athens. Jedoch ist er durch die Metrostation »Omonia« einer der markantesten Verkehrsknotenpunkte der Stadt. Voll grauem Beton und lautem Verkehr.

Seine Blütezeit als vornehmes Stadtviertel hatte Omonia vor vielen Jahren. Vom Glanz dieser Zeit ist nicht viel übrig. Die Schönheit dieses Viertels ist versteckt, man sieht sie nicht auf den ersten Blick. Auf Omonia muss man sich einlassen.

Tagsüber hetzen Tausende von Berufspendlern durch die Straßen, schlängeln sich vorbei an fliegenden Händlern, die Sesamkringel verkaufen, Marktständen, bunt gemischten Läden mit allerlei Nützlichem und Sinnlosem.

OMONIA

IN DER OUZERIE KAPETAN MICHALIS HAT ALLES SEINEN FESTEN PLATZ. FLASCHEN, BILDER, NIPPES, ALLES ARRANGIERT UND AUSGESTELLT WIE IN EINEM KLEINEN MUSEUM. HIER ISST MAN MEZE. IN EINER SEHR KLEINEN, OFFENEN KÜCHE MITTEN IM RAUM WERDEN UNZÄHLIGE TELLERCHEN MIT VORSPEISEN IN EINEM UNGLAUBLICHEN TEMPO FRISCH ZUBEREITET. DIE TISCHE DRAUSSEN SIND BESONDERS MITTAGS SEHR GUT BESUCHT. GESCHÄFTSLEUTE, FAMILIEN UND FREUNDE SITZEN HIER ZUSAMMEN AM TISCH.

OUZERIE KAPETAN MICHALIS | 3 FIDIOU | 10678 ATHEN

DAS BLE PAPAGALOS IST EINE CAFÉ-BAR UND WURDE VON EINER BEKANNTEN GRIECHISCHEN SÄNGERIN GEGRÜNDET. ES LIEGT NICHT WEIT ENTFERNT VOM OMONIA-PLATZ IN EINEM TEIL DES VIERTELS, DER NICHT DEN BESTEN RUF BESITZT. UMSO ERSTAUNTER IST MAN, WENN MAN DEN GARTEN DES BLE PAPAGALOS BETRITT: EINE GRÜNE OASE, DIE MAN HIER AUF KEINEN FALL ERWARTET UND DIE AUCH BEI KÜNSTLERN UND BEKANNTEN PERSÖNLICHKEITEN SEHR BELIEBT IST.

BLE PAPAGALOS | LEONIDOU 31 / AVDI SQUARE | 10436 ATHEN

DIE ALTE MARKTHALLE LIEGT ZWISCHEN DEM OMONIA-PLATZ UND PSIRRÍ. HIER BEKOMMT MAN ALLES, WAS MAN AN LEBENSMITTELN BRAUCHT. FISCH UND MEERESTIERE, FLEISCH, GEWÜRZE, NÜSSE, TROCKENOBST, HÜLSENFRÜCHTE. GEGENÜBER LIEGT DER OBST- UND GEMÜSEMARKT. IN DEN LÄDEN IN DEN UMLIEGENDEN STRASSEN WERDEN REGIONALE SPEZIALITÄTEN VERKAUFT. EIN BESUCH AUF DEM MARKT IST ABSOLUT EMPFEHLENSWERT.

DIREKT UM DIE ECKE GIBT ES EIN KLEINES, URIGES LOKAL MIT EINFACHEM, ABER VORZÜGLICHEM ESSEN: DAS OINOMAGEIRO. DAS LOKAL IST BEI ATHENERN SEHR BELIEBT, BESONDERS MITTAGS IST ES GUT BESUCHT. DIE SPEISEN SUCHT MAN SICH DIREKT AM TRESEN AUS, DIE CHEFIN HILFT DABEI GERNE! DIE ATMOSPHÄRE IST HIER SEHR FAMILIÄR UND DAS PREIS-LEISTUNGS-VERHÄLTNIS IST WIRKLICH UNSCHLAGBAR.

OINOMAGEIRO | VARVAKIOS MARKET | FILOPOIMENOS 4 | 10551 ATHEN

ZEHN MINUTEN ZU FUSS VOM OMONIA-PLATZ LIEGT EIN KLEINES JUWEL: DIE GALAXY BAR! HIER FÜHLT MAN SICH IN DIE 1960ER-JAHRE ZURÜCKVERSETZT. DIE BAR IST EIN TREFFPUNKT, MAN KOMMT SCHNELL INS GESPRÄCH. MAN KANN HIER ABER AUCH GUT SEINEN DRINK IN RUHE AN DER BAR GENIESSEN UND NUR »BILDER SCHAUEN«. EIN BISSCHEN WIE IM KINO.
DER INHABER IST EIN »GENTLEMAN« WIE AUS DEM BILDERBUCH UND PASST PERFEKT IN SEINE BAR MIT DEM LANGEN HOLZTRESEN, DIE FOTOS HINTER DER THEKE ERZÄHLEN EIN WENIG VON SEINEM BEWEGTEN LEBEN. VIELE PROMINENTE UND BEKANNTE MENSCHEN WAREN SCHON HIER, TROTZDEM IST DAS GALAXY ALLES ANDERE ALS EINE SZENEBAR.

GALAXY BAR | STADIOU 10 | 10564 ATHEN

... IST DAS HERZ ATHENS. HIER FINDET SICH EIN KULTURMIX, GEPRÄGT VON OFFENHEIT, TOLERANZ UND RESPEKT.

RCHIA 2

Exarchia wird von vielen Athenern aufgrund seiner Geschichte auch als »Anarchia« bezeichnet. Im November 1973 demonstrierten Studenten, Arbeiter und Journalisten gegen die herrschende Militärdiktatur und verschanzten sich in der Universität. Das Militär durchbrach das Tor der Uni mit Panzern und schlug den Aufstand blutig nieder, es gab Tote und Verletzte. Man hatte es den Demonstranten aber zu verdanken, dass kurz nach dem Aufstand die Militärregierung abgesetzt wurde und Griechenland wieder eine demokratisch gewählte Regierung bekam. Seit dieser Zeit hat sich das vormals gutbürgerliche Viertel Exarchia zu einem sehr alternativen und politisch aktiven Viertel gewandelt.

Im Grunde ist Exarchia eine alternative Gesellschaft in der Gesellschaft, in der es um Solidarität und Beteiligung geht!

Wenn die Bewohner des Viertels der Meinung sind, sie bräuchten noch mehr Grünfläche, wird diese einfach »gemacht«. So entstand zum Beispiel der Navarinou-Park.

Man lebt nicht zufällig in Exarchia, hier zu wohnen ist eine bewusste Entscheidung. Und eine Haltung. Für ein Leben miteinander.

ELI-TIPP

NAVARINOU-PARK: EINE KLEINE, GRÜNE OASE MITTEN IN EXARCHIA – SELBST VERWALTET VON DEN ANWOHNERN! FÜR DEN BESUCHER MAG ES NUR EIN UNSCHEINBARER PARK MITTEN IN EXARCHIA SEIN, DIE WÄNDE VOLL MIT KNALLBUNTER GRAFFITI-KUNST. FÜR DIE BEWOHNER IST ER SEHR VIEL MEHR. DENN BIS 2008 GAB ES KEINE EINZIGE GRÜNFLÄCHE IN EXARCHIA! EIGENTLICH SOLLTE AN DIESER STELLE EIN PARKPLATZ ENTSTEHEN, DOCH DIE BEWOHNER DES VIERTELS HABEN SICH DURCHGESETZT UND GEMEINSAM DEN ASPHALT AUFGEBROCHEN UND BÄUME GEPFLANZT. BIS HEUTE WECHSELN SIE SICH BEIM BEWÄSSERN DER PFLANZEN UND DES KLEINEN GEMÜSEGARTENS AB.

ZOODOCHOU PIGIS 26 | 10681 ATHINA

EXARCHIA

ELI-TIPP

IN EXARCHIA GEHT MAN AM BESTEN INS AMA LACHEI AT NEFELI'S – AUCH HIER IST EINE RESERVIERUNG ZU EMPFEHLEN, DA DAS LOKAL EINES DER BELIEBTESTEN IN DER UMGEBUNG IST. DIE GRIECHEN ESSEN MEIST GEGEN 21 UHR HIER ZU ABEND. WER ETWAS MEHR RUHE HABEN MÖCHTE, SOLLTE ALSO ETWAS FRÜHER KOMMEN.

AMA LACHEI AT NEFELI'S

DAS AMA LACHEI AT NEFELI'S LIEGT IN EINEM WUNDERSCHÖNEN INNENHOF UND BIETET KLASSISCHE GRIECHISCHE GERICHTE, DIE IMMER WIEDER NEU INTERPRETIERT WERDEN. UND DAS VERDAMMT GUT.

DIE BETREIBER HABEN SICH HIER IHREN LEBENSTRAUM ERFÜLLT. DAS EHEMALIGE SCHULGEBÄUDE BLIEB IN SEINER URSPRÜNGLICHEN FORM ERHALTEN UND WURDE MIT VIEL CHARME RESTAURIERT. HIER WIRD ALLES MIT VIEL HERZ UMGESETZT, DAS SPÜRT MAN ALS GAST.

KALLIDROMIOU 69 | 10683 ATHEN

»Salata me spanaki, rodi ke manouri«

SPINAT-WILDKRÄUTER-SALAT

für 4 Portionen

SALAT
80 g Rosinen
1 Granatapfel
1 Zwiebel
ca. 200 g frischer Babyspinat
ca. 200 g Wildkräuter-Salat, nach Geschmack
8 kleine kretische Dakos (Beschreibung siehe Seite 36)
350 g Manouri* (alternativ Ziegenkäse)

DRESSING
2 EL Balsamicoessig
2 EL mittelscharfer Senf
2 EL Thymianhonig
7 EL Olivenöl
Salz
frisch gemahlener schwarzer Pfeffer

Manouri ist ein griechischer Frischkäse, der dem Ricotta ähnelt. Er wird aus der Molke von Schafs- und Ziegenmilch hergestellt und hat einen ganz einzigartigen Geschmack. Die Mühe lohnt sich also, diesen Käse zu bestellen, wenn man ihn nicht in einer gut sortierten Käsetheke bekommt. Als Alternative kann man aber auch zu einem Verhältnis von 50:50 Ricotta und Fetakäse mischen.

ZUBEREITUNG
- Die Rosinen in einen kleinen Topf geben, mit Wasser bedecken und für 5 Minuten aufkochen lassen. Durch ein Sieb geben, zur Seite stellen und abkühlen lassen.
- Den Granatapfel entkernen und die Zwiebel fein würfeln.
- Spinat und Wildkräuter waschen, trocknen und in eine große Schüssel geben.
- Balsamicoessig, Senf und Thymianhonig verrühren, langsam das Olivenöl hinzugießen, mit Salz und Pfeffer abschmecken.
- Die Dakos in grobe Stücke zerteilen und über die Spinat-Wildkräuter-Mischung geben. Dakos, Rosinen und Zwiebelwürfel drüberstreuen und das Dressing darübergeben.
- Nach Geschmack mit Salz und frisch gemahlenem Pfeffer abschmecken.
- Zum Schluss noch den Manouri darauf verteilen und sofort servieren.

TIPP! Nehmen Sie den Balsamicoessig aus der Region Kalamata. Der hat ein einzigartiges Aroma mit charakteristischer dunkler Farbe und unverwechselbarer leichter Süße.

BULGURSALAT MIT BIRNE

für 4 Portionen

SALAT
100 g Bulgur, grob
1 Schalotte, fein gewürfelt
½ TL Salz
½ TL Kurkuma
½ TL Schwarzkümmel
50 g Cranberrys, getrocknet
150 g Feigen, getrocknet, in kleine Stücke geschnitten
60 g Johannisbeeren, getrocknet
1 Bio-Limette
50 ml Olivenöl
2 EL glatte Petersilie, fein gehackt
ca. 200 g Chicorée + etwas zum Dekorieren
ca. 100 g Rotkohl
ca. 200 g gemischter Salat
1 Birne
50 g Sonnenblumenkerne
1 Handvoll frische Minze, fein gehackt

ZITRUSFRUCHT-VINAIGRETTE
1 Bio-Orange
1 Bio-Zitrone
2 EL Thymianhonig
1 EL mittelscharfer Senf
7 EL Olivenöl
1 TL Ingwer, fein gerieben
Salz
frisch gemahlener schwarzer Pfeffer

ZUBEREITUNG
- Den Bulgur in einem heißen Topf ohne Fett etwa 1 Minute anrösten. Schalottenwürfel, Salz, Kurkuma und Schwarzkümmel hinzugeben, durchrühren. 200 Milliliter Wasser hinzugießen, aufkochen und bei schwacher Hitze zugedeckt 10 Minuten ausquellen lassen. Die getrockneten Früchte hineingeben und weitere 5 Minuten zugedeckt quellen lassen. Abkühlen lassen, dabei mehrmals durchrühren.
- Bio-Limette auspressen, mit Olivenöl verrühren und zum Bulger geben. Petersilie darüberstreuen, gut mischen.
- Für das Salatdressing die Zitrusfrüchte waschen und die Hälfte der Schale fein reiben.
- Orange und ½ Zitrone auspressen
- Den Saft der Früchte mit Honig und Senf mischen, Öl unterrühren. Die abgeriebene Zitronenschale und Ingwer hinzugeben, gut durchrühren. Und mit Salz und Pfeffer abschmecken.
- Chicorée, Rotkohl und Salat waschen und trocken schleudern.
- Chicorée und Rotkohl in feine Streifen schneiden. Den Blattsalat in mundgerechte Stücke zupfen.
- Die Birne schälen und in feine, mundgerechte Spalten schneiden.
- Alles in eine große Schüssel geben und in der Mitte eine kleine »Mulde« mit Bulger befüllen.
- Die Vinaigrette gleichmäßig darüberträufeln. Mit Sonnenblumenkernen und Minze bestreuen und mit den Chicorée-Blättern garnieren.

FAVA

für 4–6 Portionen

ZWIEBELMARMELADE 500 g Zwiebeln | 1 rote Chilischote | 3 EL Sonnenblumenöl | 50 g brauner Zucker | 30 ml Rotwein | 40 ml dunkler Balsamicoessig | 1 Knoblauchzehe, fein gehackt | 10 g Ingwer, fein gerieben | 2 Gewürznelken | 50 ml Orangensaft | Schale von ½ Orange | 50 g Johannisbeeren | Salz
FAVA 300 g Fava (gelbe Platterbse) | 1 Zwiebel, geviertelt | 1 Knoblauchzehe, geschält | 2 Lorbeerblätter | Saft von 1 Zitrone | 80 ml natives Olivenöl extra | Salz | 1 Frühlingszwiebel, gehackt | Kapern zum Garnieren

ZUBEREITUNG
- Zwiebeln schälen und würfeln. Chili putzen und entkernen.
- Pfanne mit dem Öl erhitzen, Zwiebel hineingeben, andünsten und mit dem Zucker bestreuen. Das Ganze unter Rühren karamellisieren lassen. Mit Rotwein und dem Balsamicoessig ablöschen. Chilischote, Knoblauch, Ingwer, Gewürznelken, Orangensaft und -schale hinzugeben, gut verrühren. Johannisbeeren hinzufügen und köcheln lassen, bis die Flüssigkeit andickt. Nach Geschmack salzen.
- Ein Einwegglas heiß ausspülen und die Zwiebelmarmelade hineinfüllen. Das Glas fest verschließen, für ein paar Minuten auf dem Deckel stehen lassen, umdrehen und auskühlen lassen!
- Fava waschen und in einen Topf mit Wasser geben. Zwiebel, Knoblauchzehe, Lorbeerblätter hinzufügen und für ca. 45 Minuten unter ständigem Rühren köcheln lassen (bei Bedarf etwas Wasser hinzugeben).
- Lorbeerblätter entfernen und die Fava pürieren.
- Zitronensaft, Olivenöl und Salz hinzugeben, gut verrühren.
- Anrichten und mit Frühlingszwiebel, Kapern und Zwiebelmarmelade garnieren.

ELI-TIPP

SHEDIA HOME IST EINES DER WICHTIGSTEN PROJEKTE IN DIESER STADT. DAS CAFÉ/RESTAURANT LIEGT IM ZENTRUM VON ATHEN, ANGRENZEND AN DAS VIERTEL MONASTIRAKI.
UNBEDINGT HINGEHEN — DIE LOCATION IST EINZIGARTIG, DAS ESSEN FANTASTISCH. DAS IST DEM STERNEKOCH LEFTERIS LAZAROU ZU VERDANKEN, DER HIER DIE MITARBEITER AUSGEBILDET HAT, VOM SERVICE BIS ZUR KÜCHE. HIER IST JEDER WILLKOMMEN!

KOLOKOTRONI 56 | 10560 ATHENS

KATRIN & CHRIS

IHRE ERSTE BEGEGNUNG WAR BEIM »HOMELESS-FOOTBALL-WORLDCUP« IN AUSTRALIEN. CHRIS TRAT MIT SEINER OBDACHLOSEN-MANNSCHAFT AUS AUSTRALIEN AN UND KATRIN MIT IHRER MANNSCHAFT AUS DEUTSCHLAND. DIESE BEGEGNUNG WAR DER BEGINN IHRER GROSSEN LIEBE.

IM JAHR 2013 GING CHRIS NACH ATHEN UND GRÜNDETE DAS PROJEKT »SHEDIA«. »SHEDIA« IST EIN UMFASSENDES PROJEKT, UM OBDACHLOSEN MENSCHEN ZU HELFEN. ES GIBT EIN STADTMAGAZIN, EINE EIGENE PRODUKTLINIE UND DAS CAFÉ/RESTAURANT SHEDIA HOME.

KATRIN KAM EIN JAHR SPÄTER ZU DIESEM PROJEKT DAZU. SEITDEM LEBEN DIE BEIDEN MIT IHREN KINDERN ANNA UNS ELENI IHR NEUES GEMEINSAMES LEBEN IN ATHEN.

ALLES, WAS BEI »SHEDIA« UMGESETZT WIRD, HAT STIL UND GESCHMACK — UND VIEL HERZ. WICHTIG IST DEN BEIDEN, DASS DIE MENSCHEN DAS PROJEKT NICHT AUS MITLEID UNTERSTÜTZEN. »DIE MENSCHEN SOLLEN UNSER MAGAZIN UND UNSERE PRODUKTE NICHT ERWERBEN, UM ETWAS GUTES ZU TUN. SONDERN WEIL ES GUT IST. WEIL SIE ES HABEN WOLLEN!«

EXARCHIA

WAS LIEBT IHR AM MEISTEN AN ATHEN?
CHRIS: DIE MENSCHEN, DEREN WÄRME, DIE MENSCHLICHKEIT UND BESCHEIDENHEIT.
KATRIN: DIE MENSCHEN, DIE LIEBE IN DER SPRACHE UND DIE ATMOSPHÄRE DER STADT. DIE TÄGLICHEN FREUNDLICHEN GESPRÄCHE AUF DEM WEG ZUR ARBEIT. DIE AKROPOLIS UND DAS MEER, DAS AUCH IM WINTER SEHR ZUM SCHWIMMEN EINLÄDT. DAS ALLES MACHT DIESE STADT FÜR MICH BESONDERS.

WAS WÜRDET IHR JEMANDEM EMPFEHLEN, DER DAS ERSTE MAL IN ATHEN IST?
KATRIN: »VERLOREN GEHEN« IM ÜBERTRAGENEN SINN, SICH VON DER STADT ÜBERWÄLTIGEN LASSEN. AM BESTEN IM ZENTRUM, UM DIE AKROPOLIS HERUM. UND WER EINE BESONDERE STADTFÜHRUNG MÖCHTE, KANN BEI SHEDIA (KOLOKOTRONI 56 / NIKIOU) VORBEIKOMMEN: STRASSENZEITUNGSVERKÄUFER ZEIGEN EINE ANDERE SEITE DER STADT UND TEILEN DIE PERSÖNLICHEN ERFAHRUNGEN VOM LEBEN AUF DER STRASSE.

WIE WÜRDET IHR EURE ARBEIT BESCHREIBEN? WARUM LIEBT IHR DAS, WAS IHR TUT, SO SEHR?
KATRIN: SOZIALE ARBEIT ALS »KATALYSATOR FÜR INKLUSION«. EGAL IN WELCHEM LAND, DAS WERTVOLLSTE ERLEBNIS FÜR MICH IST, ZU SEHEN, WENN MENSCHEN IN SEHR SCHWIERIGEN LEBENSSITUATIONEN DIE MÖGLICHKEIT NUTZEN, SICH SELBST ZU HELFEN, UND SOGAR ZUM VORBILD FÜR ANDERE WERDEN.
CHRIS: DIE MÖGLICHKEIT, DEN SCHWÄCHSTEN IN DER GESELLSCHAFT AKTIV ZU HELFEN, IHNEN DABEI HELFEN, SICH SELBST ZU HELFEN. DIE ZUSAMMENARBEIT MIT DER BEEINDRUCKENDEN WELT DER SOLIDARITÄT, EINER WELT MIT BEDINGUNGSLOSER LIEBE UND VERSTÄNDNIS. ICH MACHE, WAS ICH TUE, WEIL ICH EIN AKTIVER BÜRGER BIN. ES IST UNSERE PFLICHT, GEMEINSAM DARAN ZU ARBEITEN, DIE WELT ZU EINEM BESSEREN UND FAIREREN ORT ZU MACHEN.

ELI-TIPP

MIT KATRIN UND CHRIS HABE ICH DEN WUNDERSCHÖNEN MARKT AUF DER KALLIDROMIOU-STRASSE MITTEN IN EXARCHIA ERKUNDET. AUF JEDEN FALL IST ER EINEN BESUCH WERT! DER BLICK VON HIER AUF DEN STREFI-HÜGEL IST EINFACH TRAUMHAFT! DIESE KULISSE IM MORGENLICHT, DIE VIELEN WUNDERBAREN GERÜCHE UND DIE BAUERN, DIE IHRE WARE LAUTSTARK ANPREISEN ... SCHÖNER KANN MAN EINEN SAMSTAG IN EXARCHIA NICHT BEGINNEN!

GRÜNE-BOHNEN-KAROTTEN-EINTOPF

für 4 Portionen

ZUTATEN

2 Zwiebeln
2 Knoblauchzehen
½ Bund glatte Petersilie
2 Fleischtomaten
ca. 700 g grüne Bohnen
4 Karotten
50 ml Olivenöl
2 Lorbeerblätter
Salz
½ TL Zucker
frisch gemahlener schwarzer Pfeffer

»Fasolakia me Karota«

ZUBEREITUNG

- Die Zwiebeln und den Knoblauch schälen und fein würfeln. Die Petersilie waschen und klein hacken. Die Fleischtomaten mit heißem Wasser übergießen, die Haut abziehen und in kleine Stücke schneiden.
- Die Bohnen waschen und säubern – dafür werden die Enden abgeschnitten und die Fäden gezogen – und zu mundgerechten Stücken halbieren.
- Die Karotten waschen und in mundgerechte Scheiben schneiden.
- Einen Topf mit dem Olivenöl erhitzen. Die Zwiebeln hineingeben und kurz anbraten.
- Dann die Petersilie, die Tomaten, den Knoblauch und die Lorbeerblätter hinzufügen, mit Salz und Zucker bestreuen. Alles gut durchmischen.
- Die Bohnen hineingeben, mit etwas Wasser auffüllen (sodass sie gerade bedeckt sind) und zunächst bei schwacher Hitze für 30 Minuten köcheln lassen. Immer wieder umrühren, bei Bedarf noch etwas Wasser auffüllen. Dann erst die Karottenscheiben hinzufügen und weitere ca. 20 Minuten köcheln lassen, bis die Bohnen gar sind – sie sollten allerdings noch etwas »Biss« haben.
- Mit Salz und Pfeffer würzen.

ROTE-BETE-SALAT

»Pantzaria salata«

für 4 Portionen

ZUTATEN

ca. 600 g frische, Rote-Bete-Knollen (mit dem Grün und den Blättern!)
Salz
2 EL Rotweinessig
1 Bio-Orange, ausgepresst
4 EL Olivenöl
2 Schalotten
1 Knoblauchzehe, klein gehackt

ZUBEREITUNG

- Rote Bete gründlich waschen und die Stängel und die Blätter abtrennen.
- Einen Topf mit Salzwasser zum Kochen bringen und die Rote-Bete-Knollen darin ca. 30 Minuten köcheln lassen. Dann die Blätter und Stängel hinzugeben und weitere ca. 20 Minuten köcheln lassen. Die Rote-Bete-Knollen sollten gar, aber noch etwas bissfest sein!
- Abgießen, mit kaltem Wasser abschrecken und noch warm pellen (Einmalhandschuhe verwenden!).
- Die Marinade zubereiten. Dazu in einer Schüssel den Rotweinessig, den Orangensaft, das Olivenöl und Salz miteinander verquirlen.
- Die Schalotten in feine Streifen schneiden und mit dem Knoblauch zu der Marinade geben.
- Die Rote Bete-Knollen in mundgerechte Stücke schneiden – und gut mit der Marinade vermengen. Abgedeckt an einen kühlen Ort stellen und für mindestens 1 Stunde ziehen lassen.

ELI-TIPP

NACH DEM MARKTBESUCH GIBT ES ERST MAL EINEN LECKEREN KAFFEE IN EINEM DER LIEBLINGSLÄDEN VON KATRIN UND CHRIS: DEM ›THE COFFEE TREE‹.

THE COFFEE TREE | CHAR. TRIKOUPI 89 | 11472 ATHEN

ELI-TIPP

AUS LIEBESKUMMER HAT DER STREET-ART-KÜNSTLER SONKE GANZ EXARCHIA (UND AUCH NOCH ANDERE VIERTEL) MIT SEINEN ›WEINENDEN PRINZESSINNEN‹ BEMALT. JEDE PRINZESSIN IST EIN EIGENES KLEINES KUNSTWERK. ALSO AUGEN AUF!

DEN AN CLUB GIBT ES SEIT FAST 40 JAHREN! FÜR MUSIK-LIEBHABER IST DER ÄLTESTE ROCK-'N'-ROLL-CLUB ATHENS EIN MUSS.

SOLOMOU 13 | 10683 ATHEN
WWW.ANCLUB.GR

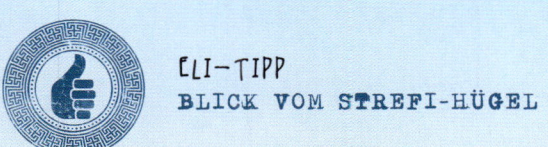

ELI-TIPP
BLICK VOM STREFI-HÜGEL

KOLONAKI

wörtlich »kleine Säule«

SPANNEND UND AUCH SEHR TYPISCH FÜR ATHEN: DER NAHTLOSE ÜBERGANG VON EXARCHIA ZUM SEHR SCHICKEN VIERTEL KOLONAKI. GEGENSÄTZLICHER KÖNNTEN DIE BEIDEN »NACHBARN« NICHT SEIN.

Kolonaki galt einst als Wohnviertel für Künstler und Intellektuelle, mittlerweile ist es zu einem der teuersten Viertel in Athen geworden.

Hier gibt es viele Bäume und Grün, man kann, ohne zu schwitzen, an einem heißen Sommertag durch die Gassen schlendern, vorbei an vornehmen Häusern, Design-Modeboutiquen und Feinkostläden.

Es gibt alteingesessene Cafés und Tavernen, in denen sich ältere gut situierte Athener zum Mokka oder Tsipouro mit Meze treffen. Dazwischen dann immer wieder sehr moderne, angesagte Läden, wo sich die junge, schicke Szene trifft.

Am Rand des Viertels erhebt sich der Lykabettus-Hügel. Der Legende nach hat Göttin Athene diesen Berg nach Athen gebracht. Mit seinen 277 Metern ist er der höchste Punkt der Stadt. Man kann den Gipfel zu Fuß erklimmen oder die Seilbahn nehmen. Es lohnt sich auf jeden Fall, die Aussicht auf Athen ist fantastisch.

CAFÉ PEROS | PL. FILIKIS ETERIAS 6 | 10673 ATHEN

EIN BÄCKER MIT PATISSERIE.
DIE WAREN SIND VON BESTER QUALITÄT!

THEODORA | TSAKALOF 1 | 10673 ATHEN

EIN JUNGES UND AUFGESCHLOSSENES BETREIBERTEAM.
ALLES IST SEHR GESCHMACKVOLL IN SEINER SCHLICHTHEIT.
WOHLTEMPERIERTE WEINE, KOMPETENTE BERATUNG UND
FREUNDLICHER SERVICE RUNDEN DAS ERLEBNIS AB.

MR. VERTIGO | WINE AND SPIRITS | PL. FILIKIS ETERIAS 15 | 10674 ATHEN

EIN SEHR GEDIEGENES CAFÉ. HIER SITZT MAN SCHÖN
MIT BLICK AUF DIE BÄUME DER PLATIA, EIN ORT FÜR
EINEN GANZ ENTSPANNTEN MOMENT. TOLL!

VIVLIOTHIKI | PL. FILIKIS ETERIAS 18 | 10674 ATHEN

KATIA

DIE AUSSICHT VON IHRER DACHTERRASSE MITTEN IN KOLONAKI IST WIE DER BLICK AUF EIN GEMÄLDE. WENN KATIA DANN AUCH NOCH SPONTAN EINE ARIE SINGT, HAT MAN DAS GEFÜHL, MAN WÄRE DEM GRIECHISCHEN HIMMEL NOCH NÄHER ...

KATIA IST OPERNSÄNGERIN, MUSIK IST IHR LEBEN. WENN SIE NICHT GERADE IN ATHEN IST, SINGT SIE IN KONZERTSÄLEN AUF DER GANZEN WELT.

KATIA LIEBT ES, GUT ZU ESSEN. BESONDERS NACH IHREN AUFTRITTEN GENIESST SIE ES, GEMEINSAM MIT GUTEN FREUNDEN AM TISCH ZU SITZEN UND DEN TAG AUSKLINGEN ZU LASSEN.

MUSIK UND GUTES ESSEN, DAS SIND DIE ELEMENTAREN MOMENTE IN KATIAS LEBEN.

»MUSIK HAT DIE GABE, WUNDEN ZU SCHLIESSEN. MIT MUSIK LÄSST SICH AUSDRÜCKEN, WAS MIT WORTEN OFT NICHT MACHBAR IST. EGAL, WO MAN AUF DER WELT IST, DIE SPRACHE DER MUSIK VERSTEHT JEDER ...« KATIA

KOLONAKI

KATAIFI MIT KÄSEFÜLLUNG

für 4 Portionen

*Kataifi, auch »Engelshaar« genannt, sind dünne, spezielle Teigfäden, die etwas an Glasnudeln erinnern. Meistens werden sie zu süßen Desserts verarbeitet, aber diese »pikante« Variante mit Käse ist auch vorzüglich und mal etwas ganz anderes!

ZUTATEN
250 g frische Kataifi*-Teigfäden
100 g Butter
6 Bio-Eier
2 Tassen Feta, zerkrümmelt
1½ Tassen Hartkäse gerieben (Graviera)
2 Tassen Milch
Salz
frisch gemahlener schwarzer Pfeffer
Butter zum Einfetten der Auflaufform
rosa Pfefferkörner zum Bestreuen

»Kataifi me gemisi tyr«

ZUBEREITUNG
- Kataifi in Stücke schneiden und mit den Fingern in einer großen Schüssel auseinanderzupfen und auflockern.
- Butter schmelzen lassen und über die Teigfäden gießen – so miteinander vermischen, bis alle Teigfäden mit der Butter benetzt sind.
- 3 Eier mit dem Feta und dem Hartkäse verrühren.
- Eine Auflaufform mit Butter einfetten, die Hälfte der Teigfäden hineingeben, gleichmäßig verteilen und leicht andrücken, sodass der Boden damit bedeckt ist.
- Die Eier-Feta-Mischung darauf verteilen.
- Restliche Teigfäden daraufgeben und alles gut bedecken.
- Die übrigen 3 Eier mit der Milch verrühren, salzen und pfeffern und über den Kataifi gießen.
- Für ca. 20 Minuten bei 180 °C backen, bis die Oberfläche knusprig ist.
- In Stücke schneiden und mit dem rosa Pfeffer bestreuen. Heiß servieren!

TIPP! Wer mag, kann nach dem Backen auch einen Sirup darübergießen, so hat man ein »süß-pikantes« Dessert. Dazu Zucker und Wasser in einen Topf geben und aufkochen lassen. So lange köcheln, bis sich ein Sirup gebildet hat. Zum Schluss noch Zitronensaft nach Geschmack hinzugeben. Den Kataifi mit dem Sirup übergießen, fertig! Dazu schmeckt ein griechischer Mokka vorzüglich.

ELI-TIPP

MIT KATIA BIN ICH INS ANGRENZENDE VIERTEL AMBELOKIPI GELAUFEN, WEIL SIE MIR UNBEDINGT DAS AGORA ZEIGEN WOLLTE. ES IST RESTAURANT UND BAR IN EINEM. »AGORA« BEDEUTET AUF GRIECHISCH: MARKT. UND DAS PASST PERFEKT. EIN »MARKT« AN UNTERSCHIEDLICHEN MENSCHEN – BEKANNTE PERSÖNLICHKEITEN TRIFFT MAN HIER AUCH – UND EIN »MARKT« DER GESCHMÄCKER. BESONDERES ESSEN, AUSGEFALLENE KOMBINATIONEN. EIN »CROSS-OVER« FERNAB DER TRADITIONELLEN GRIECHISCHEN KÜCHE.

AGORA | CHRISTOU VOURNAZOU 31 | 11521 ATHEN

KOLONAKI

»ES GIBT DINGE IM LEBEN, DIE KANNST DU NICHT ÄNDERN. ABER DU KANNST SIE IMMER ZU DEINEN MACHEN!« STRATOS

DRAKOULIS

EINE MEHR ALS AUSSERGEWÖHNLICHE LOCATION. GENAUSO AUSSERGEWÖHNLICH WIE SEIN BESITZER STRATOS DRAKOULIS. HIER DREHT SICH ALLES UM DAS THEMA FLEISCH. IN PERFEKTION UND VON HÖCHSTER QUALITÄT. DIESER LADEN IST METZGEREI UND RESTAURANT GLEICHZEITIG. UND EIN KLUB. UND EINE BAR. ALLES, WAS STRATOS LIEBT. IN EINEM.

SKOUFA 52 | 10672 ATHEN

STRATOS

UM DAS KONZEPT VON DRAKOULIS WIRKLICH ZU VERSTEHEN, MUSS MAN DIE UNGEWÖHNLICHE LEBENSGESCHICHTE VON STRATOS KENNEN.

VON JUGEND AN GALT SEINE LEIDENSCHAFT NUR EINER SACHE: DER MUSIK! DAS WAR — UND IST — SEIN LEBEN. ABER STATT MIT SEINEN FREUNDEN UM DIE HÄUSER ZU ZIEHEN, SEINE FREIHEIT ZU GENIESSEN UND MUSIK ZU MACHEN, MUSSTE ER SCHON ALS KLEINER JUNGE IN DER METZGEREI SEINES VATERS HELFEN.

ER WAR 16, ALS SEIN VATER GANZ PLÖTZLICH STARB UND ER AUF EINMAL DIE VERANTWORTUNG FÜR DIE FAMILIE UND IHRE EXISTENZ HATTE.

KOLONAKI

DRAKOULIS HAT HART GEARBEITET, UM DIE METZGEREI ERFOLGREICH ZU FÜHREN UND DIE FAMILIE ZU VERSORGEN. ABER JEDER CENT, DEN ER ÜBRIG HATTE, WURDE IN REISEN INVESTIERT. DURCH DIE GANZE WELT, AUSTRALIEN, JAPAN, AMERIKA … AUF SEINEN REISEN SPIELTE ABER AUCH IMMER DAS THEMA FLEISCH EINE ROLLE. ER BESUCHTE FARMER, METZGEREIEN, LERNTE NEUE TECHNIKEN KENNEN UND LERNTE, ALS METZGER NEUE WEGE ZU GEHEN.

FÜR IHN IST FLEISCH KEIN PRODUKT, FÜR IHN IST ES EINE PHILOSOPHIE. UND METZGER ZU SEIN NICHT BERUF, SONDERN BERUFUNG. DAS ERGEBNIS IST EIN SEHR PERSÖNLICHES, AUSSERGEWÖHNLICHES »FOOD-KONZEPT«, DAS MITTLERWEILE WEIT ÜBER DIE GRENZEN GRIECHENLANDS HINAUS BEKANNT GEWORDEN IST.

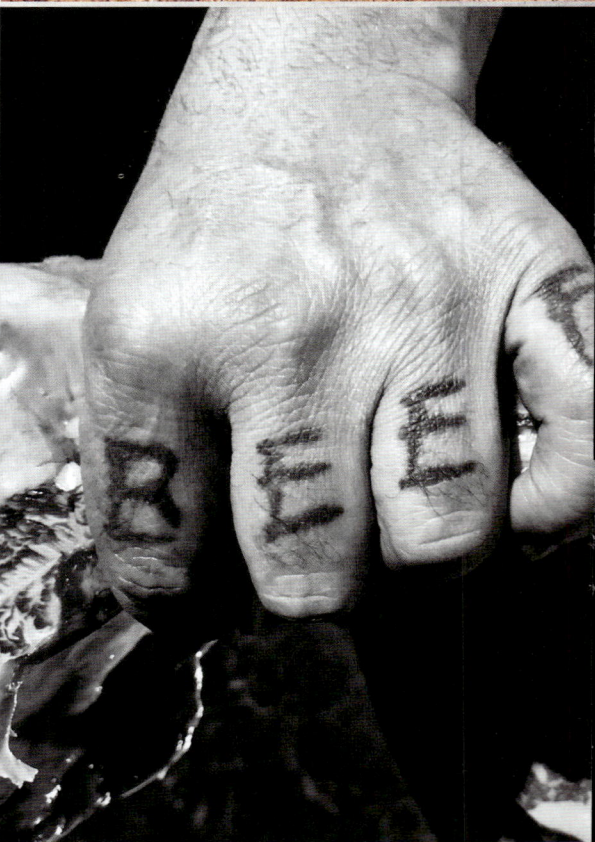

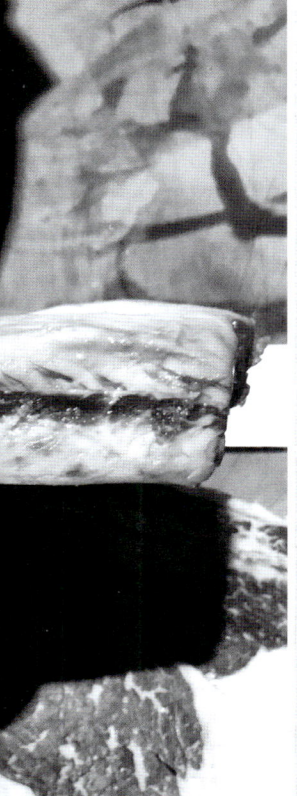

Chimichurri ist eine argentinische Sauce, die zu gegrilltem Rindfleisch serviert wird! Noch besser schmeckt sie, wenn man sie für mindestens zwei Wochen in einem Glasgefäß an einem kühlen Ort ziehen lässt. Es lohnt sich also, gleich eine größere Menge zu machen! Die Schärfe kann man selbstverständlich ganz nach Geschmack variieren!

GYROS
THE NEXT LEVEL

Für 2 Portionen

MARINADE 1 TL Maldon-Salz | 1 Knoblauchzehe, fein gehackt | 1 TL glatte Petersilie, fein gehackt | 2 EL getrockneter Oregano | 1 TL getrockneter Thymian | 3 TL geräuchertes Paprikapulver | 1 TL Zimt | 1 TL Muskatnuss | 10 EL Olivenöl
FLEISCH 350 g Iberico-Secreto-Filet |
CHIMICHURRI-SAUCE* 8 EL Olivenöl | 2 EL Reisessig | 1 TL Salz | 1 Knoblauchzehe, fein gehackt | 1 kleine rote Chilischote, fein gehackt | 1 EL getrocknete Paprikaflocken | 6 EL glatte Petersilie, fein gehackt | 6 EL Koriander, fein gehackt | 2 EL frischer Oregano, fein gehackt
JOGHURTDIP 150 g griechischer Joghurt | 2 EL Olivenöl | 1 TL Sumak | Saft von ½ Zitrone | Salz
KIRSCHTOMATEN ca. 100 g Kirschtomaten | 1 EL glatte Petersilie, fein gehackt | 2 EL Olivenöl | Salz
AUSSERDEM neutrales Öl zum Braten | 1 grüne Spitzpaprika | ein paar Tropfen weißer Balsamicoessig | Oregano zum Bestreuen, gehackt | 2 Fladenbrote

ZUBEREITUNG

- Zuerst die Marinade für das Fleisch herstellen. Dazu alle Zutaten miteinander verrühren.
- Das Fleisch mit einem Küchentuch trocken tupfen und in schmale Streifen schneiden. Mit der Marinade in eine Schüssel geben und zugedeckt für 2–3 Stunden im Kühlschrank marinieren.
- In der Zwischenzeit die *Chimichurri-Sauce herstellen. Dafür zunächst das Olivenöl, den Essig, Salz, Knoblauch und Chili in einen Mixer geben und gründlich miteinander verrühren. In eine Schüssel geben und die Paprikaflocken sowie die gehackten frischen Kräuter untermischen.
- Die Zutaten für den Joghurt-Dip ebenfalls alle verrühren.
- Die Kirschtomaten in feine Scheiben schneiden und mit der Petersilie und dem Olivenöl mischen. Mit Salz abschmecken.
- Eine Pfanne erhitzen und die Fleischstücke darin bei großer Hitze gleichmäßig mit etwas neutralem Öl anbraten, bis sie etwas Farbe bekommen. Die Spitzpaprika dazugeben und ebenfalls anbraten.
- Alles auf einer großen Platte oder einem großen Holzbrett anrichten. Das Fleisch, den Joghurt-Dip, die marinierten Kirschtomaten und die Chimichurri-Sauce in kleine Schälchen daneben. Die Spitzpaprika mit ein paar Tropfen Balsamicoessig beträufeln, nach Belieben mit gehacktem Oregano bestreuen und mit dem Fladenbrot dazu servieren.

KOLONAKI

WAGYU STRIPLOIN TATAKI

für 2 Portionen

PASTINAKEN-CHIPS
1 Pastinake, geschält
2 EL Olivenöl
1 Prise Salz

FLEISCH
2 Wagyu-Striploin-Steaks à je 200 g
etwas Butterschmalz zum Braten

YUZU-TRÜFFEL-DRESSING
6 EL Sonnenblumenöl
5 EL Olivenöl
2 EL weißes Trüffelöl
2 EL Sojasauce
1 Yuzu (wir benötigen davon 2 EL Saft)
1 Prise gemahlener grüner Pfeffer
4 Knoblauchzehen, gegart
1 EL Reisessig

ZWIEBEL-JALAPEÑO-SALSA
1 Zwiebel, fein gewürfelt
3 Jalapeños, fein gehackt

AUSSERDEM
2 Rote-Bete-Knollen, gekocht
1 Schälchen rote Shiso-Kresse
6 g Maldon-Salz
Wasabi, nach Geschmack

ZUBEREITUNG

- Den Backofen auf 200 °C vorheizen. Die Pastinake schälen und mit einem Gemüsehobel in feine Streifen schneiden.
- Ein Blech mit Backpapier auslegen und die Pasinakenstücke gleichmäßig darauf verteilen, salzen. Das Olivenöl darüberträufeln und für ca. 20 Minuten im Ofen backen, bis sie schön kross sind. Zwischendurch auch wenden!
- Das Fleisch aus dem Kühlschrank nehmen, damit es Raumtemperatur bekommt.
- Jetzt für das Yuzu-Trüffel-Dressing alle Zutaten mit einem Stabmixer gut miteinander vermengen.
- Die Zwiebelwürfel und die Jalapeñostücke hineingeben, durchrühren.
- Das Fleisch mit einem Küchentuch trocken tupfen. Eine Pfanne erhitzen, dann erst das Butterschmalz hineingeben.
- Das Fleisch darin scharf anbraten, ca. 3 Minuten von jeder Seite, bis es eine dunkle, schöne Farbe bekommt, von innen aber noch rosa ist!
- Das Fleisch aus der Pfanne nehmen, in Alufolie wickeln und ruhen lassen.
- In der Zwischenzeit die Rote Bete in sehr feine Scheiben schneiden.
- Jetzt das Gericht anrichten. Dafür das Fleisch in Stücke schneiden.
- Auf einem Teller zuerst ein paar Rote-Bete-Scheiben legen. Darauf das Fleisch anrichten. Mit dem Yuzu-Trüffel-Dressing beträufeln, etwas von den Pastinaken-Chips und der roten Shiso-Kresse darübergeben und mit dem Maldon-Salz bestreuen.
- Mit Wasabi nach Geschmack dekorieren – oder auch separat dazu reichen – und sofort servieren!

BLACK-STEAK-BURGER

für 4 Portionen

CA. 10 STÜCK BLACK BRIOCHE BURGER BUNS 200 ml warmes Wasser | 4 EL warme Milch | 2½ EL Zucker | 4 g Aktivkohle | 1 Würfel Hefe | 500 g Mehl Typ 550 | 1½ TL Salz | 80 g weiche Butter | 1 Bio-Ei
GURKEN-PICKLE 1 Gurke | 120 ml Reisessig | 60 ml Wasser | 2 EL Ahornsirup | 4 EL Kimchi-Sauce
WAGYU SHORT RIBS 1 Karotte | 1 Stück Sellerie | 1 rote Zwiebel | 6 EL Olivenöl | ca. 700 g Wagyu Short Ribs (Rinderrippchen ohne Knochen) | 1 Zweig Thymian | 1 EL Piment, ganze Körner | 40 g Zucker | 200 ml Rotwein | 1 Liter Mineralwasser
SENFCREME 4 EL saure Sahne | 2 EL Englischer Senf
ZUM BELEGEN 1 Frühlingszwiebel, fein gehackt | 1 Handvoll kleine Rote-Bete-Blätter

ZUBEREITUNG BUNS
- Wasser, Milch, Zucker und Aktivkohle in eine Schüssel geben und den Hefewürfel hineinbröseln, alles kurz miteinander vermischen und 10 Minuten stehen lassen.
- Mehl und Salz vermischen, Butter und das Ei hinzufügen und zu einem Teig kneten.
- Zugedeckt 1 gute Stunde an einem warmen Ort gehen lassen.
- Den Teig in 10 Portionen teilen, gleichmäßig runde Kugeln formen und auf ein mit Backpapier ausgelegtes Blech geben, flach andrücken und nochmals 1 Stunde gehen lassen.
- Den Backofen auf 180 °C vorheizen, eine Tasse Wasser und die Buns für ca. 20 Minuten backen, bis sie gar sind. Auskühlen lassen.

TIPP! Anstatt Aktivkohle kann man auch Tintenfischtinte zum Färben nehmen.

ZUBEREITUNG GURKEN-PICKLE:
- Die Gurke waschen und in feine Spalten hobeln.
- Die übrigen Zutaten miteinander aufkochen, die Gurkenhobel hineingeben, kurz mitköcheln lassen und vom Herd nehmen (am besten über Nacht ziehen lassen).

ZUBEREITUNG DER WAGYU SHORT RIBS:
- Die Karotte und den Sellerie waschen, die Zwiebel schälen. Alles in grobe Stücke schneiden.
- Einen Bräter mit Olivenöl erhitzen und die Short Ribs darin von allen Seiten scharf anbraten. Herausnehmen und im selben Bräter das Gemüse scharf anbraten. Den Thymian und die Pimentkörner dazugeben, Zucker hineinstreuen, kurz karmellisieren lassen und mit dem Wein ablöschen, das Ganze für ein paar Minuten köcheln lassen. Vom Herd nehmen und die Short Ribs wieder hineingeben, mit 1 Liter Mineralwasser aufgießen und mit einem Deckel verschließen.
- Die Hitze des Backofens auf 140 °C reduzieren, das Fleisch mit dem Gemüse hineingeben und für ca. 4 Stunden garen, bis das Fleisch butterzart ist!
- Aus der Flüssigkeit nehmen und in Alufolie eingewickelt etwas ziehen lassen, bis es die Temperatur hat, dass man es gut in Stücke schneiden kann.

ZUBEREITUNG SENFCREME:
- Die saure Sahne und den Senf miteinander vermischen und cremig rühren.

ANRICHTEN
- Das Fleisch in Scheiben schneiden. Die Brötchen aufschneiden. Wer mag, kann sie noch etwas auf dem Grill rösten.
- Dann mit der Senfcreme bestreichen – das Fleisch gleichmäßig darauf verteilen und mit den gehobelten Gurken belegen. Die Frühlingszwiebelringe und die Rote-Bete-Blätter daraufgeben – gleich servieren!

Monas

tiraki

VIELE ATHENER SAGEN ÜBER DIESEN STADTTEIL: »HIER MUSS MAN HIN! VON HIER AUS GEHT ES IN ALLE RICHTUNGEN DES LEBENS …«

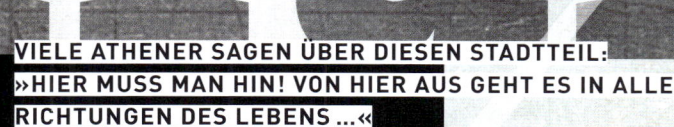

Der Stadtteil Monastiraki war einst Standort für eines der größten Klöster Athens. Von dieser Anlage ist heute nur die kleine Pantanassa-Kirche übrig geblieben, daher auch der Name »Monastiraki« – »kleines Kloster«.

Der Monastiraki-Platz liegt am Fuße der Altstadt – er ist lebhaft und immer voller Touristen. Und doch ist er sehr sehenswert und ein »Muss« bei einem Besuch in Athen, denn er hat seine Ursprünglichkeit behalten. Zudem verleiht ihm die Tzistarakis-Moschee ein leicht orientalisches Flair.

Grandios ist auch das Panorama: die Akropolis, die den Platz überragt, und dazu die vielen architektonischen Fragmente aus der Zeit des klassischen Altertums.

Im Grunde ist es ein großes Open-Air-Theater – hier treffen sich alle: Straßenkünstler, Obstverkäufer, es gibt Stände mit Koulourákia, den allgegenwärtigen griechischen Sesamkringeln, Rentner verkaufen Lose, und dazwischen Touristen aus aller Welt. Ein lebendiger, vielfältiger Ort mit seinen unterschiedlichen Menschen, Gerüchen und Eindrücken.

MONASTIRAKI

Um den Monastiraki-Platz gibt es viele Tavernen, Cafés und Läden – einige davon zwar sehr touristisch – andere jedoch ursprünglich. Manche Cafés und Tavernen bieten Livemusik, in denen bis tief in die Nacht gesungen und getanzt wird. Hier tobt das Leben. Im Grunde genommen 24 Stunden am Tag. Stille und Ruhe findet man nur im Morgengrauen.

Ein Stück weg vom pulsierenden Monastiraki-Platz führen viele kleine Straßen durch die Altstadt. Kleine Läden verkaufen hier allerhand »sinnlosen« Nippes. Aber wenn man genau hinsieht, kann man auch hier immer wieder tolle Handwerkskunst entdecken!

Von hier aus kann man durch das Viertel Plaka den Hügel zur Akropolis hochlaufen!

ELI-TIPP JEDEN SONNTAG FINDET AUF DEM MONASTIRAKI-PLATZ EIN GROSSER FLOHMARKT STATT, DER SICH TEILWEISE BIS NACH PSIRRÍ AUSBREITET. ES LOHNT SICH, FRÜH AUFZUSTEHEN, DENN DIESER FLOHMARKT IST SEHR BELIEBT! ALLEIN WEGEN DER ATMOSPHÄRE IST DIESER MARKT EINEN BESUCH WERT: HIER GEHT ES ZU WIE AUF EINEM BASAR. IM GRUNDE VERWANDELT SICH DAS GANZE VIERTEL IN EINEN EINZIGEN MARKTPLATZ! HIER KANN MAN EIN GUTES »SOUVENIR« FINDEN – UND DANACH IN EINEM DER ZAHLREICHEN CAFÉS ENTSPANNT FRÜHSTÜCKEN GEHEN!

PETROS MARKARIS
GRIECHISCHER SCHRIFTSTELLER

(BÜRGERLICH: PETROS MARKARIAN)

» GEBOREN AM 1. JANUAR 1937 IN ISTANBUL

» SOHN EINES ARMENISCHEN KAUFMANNES UND EINER GRIECHISCHEN MUTTER

» BESUCHTE DAS ST. GEORGS-KOLLEG IN ISTANBUL UND STUDIERTE DANACH EINIGE JAHRE IN WIEN UND STUTTGART

» LEBT SEIT 54 JAHREN IN ATHEN

» SPRICHT UND SCHREIBT GRIECHISCH, TÜRKISCH UND DEUTSCH

» ÜBERSETZTE MEHRERE DEUTSCHE DRAMEN INS GRIECHISCHE

» INTERNATIONAL BEKANNT DURCH SEINE GESELLSCHAFTSKRITISCHEN KRIMINALROMANE UM DEN ATHENER KOMMISSAR »KOSTAS CHARITOS«

» AUTOR DER FERNSEHSERIE »ANATOMIE EINES VERBRECHENS«

» DREHBUCHAUTOR FÜR DEN WELTWEIT BEKANNTEN REGISSEUR THEO ANGELOPOULOS

MONASTIRAKI

WAS IST SO BESONDERS AN ATHEN, WAS MACHT DIESE STADT SO EINZIGARTIG FÜR DICH?

ATHEN IST EINE STADT VOLLER WIDERSPRÜCHE. WAS ICH AM MEISTEN AN IHR LIEBE, SIND DIE KONTRASTE. MAN GEHT VON EINER STRASSE IN EINE ANDERE UND OFT HAT MAN DAS GEFÜHL, MAN BEFÄNDE SICH PLÖTZLICH IN EINER ANDEREN STADT. DER GRÖSSTE WIDERSPRUCH SIND ABER DIE ZWEI HÜGEL, DIE DIE STADT BEHERRSCHEN: DER AKROPOLIS- UND DER LYKABETTUS-HÜGEL. DIESE ZWEI HÜGEL BLICKEN SICH TAG UND NACHT GEGENSEITIG AN; UND SO MONUMENTAL DER AKROPOLIS-HÜGEL MIT DER AKROPOLIS AUF DER SPITZE IST, SO BESCHEIDEN, KLEINBÜRGERLICH IST DER LYKABETTUS-HÜGEL MIT DER KLEINEN SANKT-GEORGS-KAPELLE GANZ WEIT OBEN.

WARUM SCHREIBST DU, PETROS?

SCHREIBEN IST DER BERUF DER GEDULD. EIN SCHRIFTSTELLER BRAUCHT BEIM SCHREIBEN WIRLICH UNENDLICH VIEL GEDULD. DER GLÜCKLICHSTE MOMENT MEINER SCHRIFTSTELLERISCHEN TÄTIGKEIT WAR MEINE BEKANNTSCHAFT MIT KOMMISSAR KOSTAS CHARITOS UND SEINER FAMILIE. JEDEN MORGEN, WENN ICH MICH AN DEN RECHNER SETZE, DENKE ICH: ICH LIEBE DEN ANFANG EINES JEDEN NEUEN TAGES. WENN ICH MICH VOR DEN BILDSCHIRM SETZE UND ZU SCHREIBEN BEGINNE. DAS IST MEIN LEBEN!

WAS WÜRDEST DU JEMANDEM EMPFEHLEN – ALS TIPP –, DER ATHEN BESUCHT?

ICH WÜRDE SAGEN: SETZ DICH IN DIE METRO-LINIE 1! ICH LIEBE DIE 24 STADTTEILE AUF DIESER STRECKE, VON PIRÄUS BIS ZUM VORORT KIFISSIA. ICH HABE DIESE STRECKE IN MEINEM BUCH »QUER DURCH ATHEN« BESCHRIEBEN.

ICH SCHÄTZE AUCH DIE ALTSTADT SEHR, GENAUER DIE VIERTEL MONASTIRAKI UND THISSION, ALSO DIE SOGENANNTEN BAYERISCHEN VIERTEL, SOWIE DIE ATHINAS-STRASSE MIT IHREM FLEISCH- UND FISCHMARKT UND DIE QUER-STRASSEN VON MONASTIRAKI BIS ZUM OMONIA-PLATZ.

POEMS N'CRIMES ART BAR

DAS LITERATUR- UND ART-CAFÉ POEMS N' CRIMES IST DAS WOHNZIMMER VON PETROS. HIER TRIFFT MAN IHN ABENDS AUF EIN BIER – AUF DER TERRASSE ODER IM CAFÉ – ZWISCHEN HUNDERTEN VON BÜCHERN. GEFÜHLT HAT PETROS SELBST DIE HÄLFTE DAVON GESCHRIEBEN.

SO STILL UND GANZ BEI SICH, WIE ER SEIN KANN – SO OFFEN UND HERZLICH IST ER: PETROS ERZÄHLT GERNE – WENN ER ETWAS ZU SAGEN HAT! DESHALB SITZT IMMER JEMAND BEI IHM, OFT JUNGE KUNST-STUDENTEN UND ANDERE SCHRIFTSTELLER. EIN WIRKLICH GANZ EINZIGARTIGER »WORT-MENSCH«.

AGIAS EIRINIS 17 | 10551 ATHEN

BETRIEBEN WIRD DAS CAFÉ VON SAMIS GAVRIELIDES- PETROS LANGJÄHRIGEM GUTEN FREUND UND VERLEGER. BEIDE VERBINDET VIEL: VIEL LEBEN. VIELE WORTE. VIEL GESCHICHTE. UND: VIEL SCHWARZER HUMOR.

WENN MAN DEN BEIDEN ZUSIEHT UND ZUHÖRT, KANN MAN NICHT ANDERS, ALS SICH DARÜBER ZU FREUEN, DASS SIE SICH IM LEBEN GEFUNDEN HABEN. ODER DAS LEBEN SIE.

DAS LITERATURCAFÉ IST EIN GANZ BESONDERER ORT FÜR MENSCHEN, DIE BÜCHER LIEBEN. REGELMÄSSIG FINDEN KONZERTE STATT — VON JAZZ BIS GRIECHISCHER, TRADITIONELLER MUSIK. UND SELBSTVERSTÄNDLICH AUCH LESUNGEN UND AUSSTELLUNGEN VON BEKANNTEN UND UNBEKANNTEN KÜNSTLERN. ALLEIN DAS BRINGT HIER DIE UNTERSCHIEDLICHSTEN MENSCHEN ZUSAMMEN.

GEPRÄGT VON EINER NEUEN GENERATION VON KÖCHEN, DIE DAS NEUE KULINARISCHE ATHEN AUSMACHEN, KOCHT HIER COSMAS MIT SEINEM TEAM. DIE SPEISEKARTE IST KLEIN, ABER FEIN. IMMER WIEDER ÜBERLEGEN SIE SICH NEUE KREATIONEN. GUTE, FRISCHE QUALITÄT UND PERFEKT ABGESTIMMTE KOMPOSITIONEN SIND HIER STANDARD.

DER TOMATENSALAT (☞ REZEPT SEITE 97) IST EIN GEDICHT!

MONASTIRAKI

»Ntomatosalata me katsikisio tyri«

TOMATENSALAT MIT ZIEGENKÄSE

für 4 Portionen

ZUTATEN

800 g aromatische kleine Tomaten
3 EL Weißweinessig
1 EL Honig
Salz
frisch gemahlener schwarzer Pfeffer
8 EL Olivenöl
400 g Myzithra*
1 Gurke, längs halbiert
frische Kräuter nach Belieben

*Myzithra ist ein kretischer Weichkäse aus Schafs- und Ziegenmolke und besitzt einen unverwechselbar eigenen Geschmack! Alternativ kann man aber auch Ziegenfrischkäse verwenden.

ZUBEREITUNG

- Die Tomaten waschen und halbieren.
- Für das Dressing den Weißweinessig mit dem Honig vermischen, mit Salz und Pfeffer würzen, zuletzt das Olivenöl kräftig unterrühren.
- Die Tomaten mit dem Dressing verrühren – den Käse darüberbröseln und alles gründlich miteinander vermengen.
- Die halbierte Gurke waschen und mithilfe eines Gemüsehobels in dünne Streifen schneiden. Diese etwas salzen.
- Jetzt Anrichten: Den Tomatensalat auf einen flachen Teller geben und ringsherum mit den Gurkenstreifen umschließen.
- Nach Geschmack mit frischen Kräutern garnieren.

TIPP! Besonders lecker dazu ist »Paximadi« oder auch »Paximadia«, ein typisches kretisches Brot, das zweifach im Steinofen gebacken wird. Durch seine lange Haltbarkeit war es in früheren Zeiten bei bei Hirten und Seeleuten sehr beliebt. Heutzutage findet man das ehemalige »Armeleuteessen« auf den Speisekarten vieler Restaurants als »Dakos« – einer Art Bruschetta. Dafür wird der »Gerstenzwieback« mit Wasser gut angefeuchtet und danach verarbeitet.

Hierzulande findet man ihn im griechischen Feinkostladen.

ELI-TIPP DAS CAFÉ IST WIRKLICH EIN MUSS IN ATHEN. GERADE WEIL ES DURCH DAS SPEZIELLE KULTURPROGRAMM SO VIELFÄLTIG IST: HIER KOMMEN IMMER GUTE, SPANNENDE MENSCHEN ZUSAMMEN. NACHMITTAGS KANN MAN HIER IN DEN BÜCHERN STÖBERN, MENSCHEN BEOBACHTEN, SICH AUSTAUSCHEN, TOLLES ESSEN GENIESSEN - EINFACH DIESE GANZ EIGENE, WUNDERBARE STIMMUNG AUF SICH WIRKEN LASSEN. UND ABENDS: FEIERN! UND WENN HIER GEFEIERT WIRD: DANN RICHTIG!

MONASTIRAKI

JOJO

»WENN WIR SELBST NICHTS VERÄNDERN UND SCHRITTE NACH VORNE MACHEN, UNS IMMER NUR AUF DEN STAAT VERLASSEN, WIRD SICH NICHTS VERÄNDERN.« JOJO

EINE FRAU, DIE WEISS, WAS SIE WILL. MIT IHREM UNGLAUBLICHEN CHARISMA UND IHRER ENERGIE PASST SIE PERFEKT IN DAS BILD DER »NEUEN GENERATION«. SELBSTSTÄNDIG, ALLEINERZIEHEND – VIELES HAT JOJO IN IHREM LEBEN HINTER SICH. ABER AUFGEGEBEN HAT SIE NIE. IMMER IHRE ZIELE IM BLICK. TROTZ KRISEN UND EXISTENZÄNGSTEN.

SIX DOGS

… IST EINE DER FAVOURITE LOCATIONS VON JOJO. VERSTECKT LIEGT ES IN EINER KLEINEN STRASSE. ÜBER EINE IN KNALLIGEN FARBEN ERLEUCHTETE TREPPE GELANGT MAN IN EINE ANDERE WELT: IN EINEN INNENHOF VOLLER GRÜN, BÄUME UNTER FREIEM HIMMEL.

DAS SIX DOGS IST DEFINITIV EINE DER BESTEN BARS UND KLUBS. DER PERFEKTE ORT FÜR NACHTSCHWÄRMER, ABER AUCH FÜR EINEN TOLLEN FAMILIENBRUNCH. ALLES WIRD FRISCH ZUBEREITET BEI STÄNDIG WECHSELNDER KARTE. SOGAR DIE DRINKS SIND EIGENKREATIONEN!

AVRAMIOTOU 6–8 | 10551 ATHEN

MONASTIRAKI

COCKTAIL »DRUNK KING«

für 1 Cocktail

ZUTATEN
etwas Zitronensaft
etwas grobes Meersalz
etwas Rosmarin, fein gehackt
5 cl Gin
2 cl Aperol
4 cl Karottensaft, frisch gepresst
2 cl Zitronensaft, frisch gepresst
2 cl Ingwersirup
3 Tropfen Orangenblütenwasser
Eiswürfel

ZUM ANRICHTEN
Rosmarinzweig

ZUBEREITUNG
- Ein Glas zunächst am Rand mit etwas Zitronensaft einreiben.
- Auf einem Teller das Meersalz mit dem fein gehackten Rosmarin mischen, den Glasrand leicht anfeuchten und in das Gemisch tupfen, bis das Salz mit dem Rosmarin daran haften bleibt. Die nicht haftende Salzmischung durch leichtes Klopfen am Glas entfernen.
- Gin, Aperol, Karottensaft, Zitronensaft, Ingwersirup, Orangenblütenwasser mit Eiswürfeln in den Shaker geben und für ca. 20 Sekunden kräftig schütteln.
- Durch ein Barsieb in das vorbereitete Glas geben.
- Mit einem Rosmarinzweig garnieren. Nach Geschmack Eiswürfel dazugeben. Und gleich genießen!

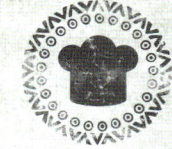

MONASTIRAKI

FRÜHSTÜCKSSNACK

für 2 Portionen

GUACAMOLE
2 sehr reife Avocados
1 Knoblauchzehe, fein gehackt
Saft von 1 Limette
½ Chilischote, fein gehackt
2 EL Joghurt
Salz
frisch gemahlener schwarzer Pfeffer

ZUM BELEGEN
2 Vollkornbrötchen nach Geschmack
2 hart gekochte Bio-Eier
2 EL glatte Petersilie, fein gehackt
Chiliflocken
frisch gemahlener schwarzer Pfeffer

»Proino-Snack«

ZUBEREITUNG
- Für die Guacamole zunächst die Avocado halbieren und das gesamte Fruchtfleisch auskratzen und mit einer Gabel zerdrücken.
- Die Knoblauchzehe, Limettensaft, Chilischote und den Joghurt hinzugeben und glatt rühren.
- Mit Salz und Pfeffer würzen und abschmecken.
- Die Vollkornbrötchen ganz leicht anrösten und halbieren.
- Die Eier schälen und ebenfalls halbieren.
- Die Brötchenhälften jetzt mit der Guacamole bestreichen und mit den Eiern belegen.
- Mit der Petersilie, Chiliflocken und Pfeffer dekorieren.

TIPP! Die Guacamole eignet sich auch hervorragend als Dip!

ELI-TIPP

DAS SIX DOGS STEHT FÜR DAS JUNGE ATHEN WIE DER PARTHENON FÜR DAS ALTE. HIER SPÜRT MAN DIE MODERNE HAUPTSTADT.

BÁNH MÌ CHICKEN

für 2 Sandwich

GEMÜSE
4 Karotten
1 Gurke
ca. 200 g Rettich
120 ml Wasser
100 ml Reisessig
1 TL Salz
50 g Zucker

HÜHNCHEN
1 Hühnerbrust
3 EL Sojasauce
2 EL Fischsauce
2 Knoblauchzehen, fein gehackt
Schale von 1 Limette
1 TL Zucker
6 EL Sesamöl
2 vietnamesische Brötchen oder
  französische Baguettes
4 EL Mayonnaise
1 EL Sriracha
Koriander, klein gehackt
1 Jalapeño, in feine Scheiben geschnitten

ZUBEREITUNG

- Zuerst das Gemüse einlegen. Am besten über Nacht!
- Dazu die Karotten, die Gurke und den Rettich waschen und alles in feine Streifen schneiden.
- Mit dem Wasser, dem Reisessig, dem Salz und dem Zucker mischen. In ein Schraubglas geben und für mindestens 4 Stunden, besser über Nacht stehen lassen.
- Die Hühnerbrust mit einem Küchentuch trocken tupfen. In mundgerechte Stücke schneiden.
- Für die Marinade die Soja- und Fischsauce, den Knoblauch, Limettenschale und den Zucker in eine Schale geben.
- Die Fleischstücke hineingeben, gut durchmischen und zugedeckt gute 2 Stunden im Kühlschrank ziehen lassen.
- Das Sesamöl in einer Pfanne erhitzen – das Fleisch darin von allen Seiten scharf anbraten.
- Die Brötchen aufschneiden – mit etwas Mayonnaise und Sriracha bestreichen. Das Fleisch darauf verteilen. Mit etwas vom Gemüse belegen – und ganz nach Geschmack noch mit Koriander und Jalapeño belegen. Und reinbeißen!

TIPP! Wer mag, kann noch kleine Schälchen mit Sriracha-Sauce, Mayonnaise, Korinader, Jalapeño und den Rest vom Gemüse dazu reichen. So kann sich jeder sein Bánh Mì belegen, wie es ihm schmeckt!

PAME TSIPOURO PAME KAFENEIO

DER NAME »PAME TSIPOURO PAME KAFENEIO« BEDEUTET ÜBERSETZT: »GEHEN WIR AUF EIN TSIPOURO INS KAFENIO«, WAS PERFEKT ZU DIESER KLEINEN, LÄSSIGEN TAVERNE PASST. HIER TRIFFT MAN SICH NOCH BIS ZUR SPÄTEN ABENDSTUNDE MIT FREUNDEN AUF EIN GETRÄNK ODER EIN GUTES ESSEN. NEBEN TRADITIONELLEN GERICHTEN GIBT ES MODERNE INTERPRETATIONEN. ES LIEGT DIREKT NEBEN DER PLATIA AGIAS IRINIS, EINEM WUNDERSCHÖNEN KLEINEN PLATZ MIT GLEICHNAMIGER KIRCHE.

FOKIONOS NEGRI 50 | 11361 ATHEN

MONASTIRAKI

TOMATENFRIKADELLEN

»Ntomatokeftedes«

für ca. 6 Stück

ZUTATEN
2 Tomaten
1 Zwiebel
1 Ei
1 EL glatte Petersilie
3 EL Semmelbrösel
ca. 3 EL Mehl
Salz
frisch gemahlener schwarzer Pfeffer
Olivenöl zum Braten

ZUBEREITUNG

- Die Tomaten waschen, entkernen, den Strunk rausschneiden und in kleine Würfel schneiden. Die Zwiebel schälen und in feine Würfel schneiden.
- Beides in eine große Schüssel geben. Das Ei, die Petersilie, die Semmelbrösel hinzugeben und gut durchrühren. Jetzt so viel Mehl hinzugeben, dass die Masse nicht mehr klebt. Es sollte aber auch nicht zu fest werden, sonst wird sie zu trocken! Salzen und mit frisch gemahlenem Pfeffer würzen.
- Das Olivenöl in einer großen Pfanne erhitzen. Jeweils etwa 2 Esslöffel der Gemüsemasse zu einer Frikadelle formen und im Olivenöl ausbacken, bis sie von beiden Seiten eine goldbraune Farbe bekommt.
- Auch kalt zu einem Salat sehr lecker!

»Feta me Sousami-Meliou«

FETA MIT SESAMKRUSTE UND HONIG

für 4 Portionen

ZUTATEN
400 g Feta
2 Bio-Eier
Salz
frisch gemahlener schwarzer Pfeffer
50 g Mehl
100 g heller Sesam
Olivenöl zum Braten
2 EL Honig

ZUBEREITUNG

- Den Feta in ca. 2 Zentimeter dicke Scheiben schneiden und dann noch mal diagonal teilen, sodass Dreiecke entstehen.
- Die Eier in einer Schüssel verrühren. Mit Salz und Pfeffer würzen.
- Das Mehl auf einen Teller sieben. Den Sesam auf einen anderen Teller streuen.
- Die Feta-Stücke zuerst in Mehl wenden und in die Eimasse tauchen. Dann gleichmäßig im Sesam wenden, sodass alles damit bedeckt ist.
- Das Olivenöl in einer Pfanne erhitzen und den Feta darin von beiden Seiten backen, bis er goldfarben ist.
- Gleich auf einem Teller anrichten und noch heiß mit dem Honig beträufeln.

TIPP! Sehr lecker ist ein würziger Honig wie Thymianhonig dazu. Anstatt Feta kann man auch einen anderen Käse nehmen wie gereiften Anthotyro. Er wird aus Schafs- und Ziegenmolke hergestellt und ist etwas cremiger im Geschmack!

MONASTIRAKI

SCHWEINEPFÄNNCHEN MIT WEIN UND OREGANO

für 4–6 Portionen

ZUTATEN
1 Zwiebel
800 g Schweinenacken
4 EL Mehl
8 EL Olivenöl
Salz
frisch gemahlener schwarzer Pfeffer
1 TL Tomatenmark
200 ml trockener Weißwein
2 EL Oregano, fein gehackt

»Chirino krasato me rigani«

ZUBEREITUNG

- Die Zwiebel schälen und in kleine Würfel schneiden.
- Das Fleisch mit einem Küchentuch trocken tupfen und in mundgerechte Stücke schneiden.
- Das Mehl in eine Schüssel geben und das Fleisch darin wälzen, danach das überschüssige Mehl abklopfen.
- Das Olivenöl in einem Topf erhitzen und das Fleisch darin gleichmäßig scharf anbraten. Am besten in zwei Portionen. Mit Salz und Pfeffer würzen.
- Das Fleisch rausnehmen und im Bratfett die Zwiebelwürfel etwas glasig werden lassen. Das Tomatenmark hinzufügen und kurz anschwitzen. Das Fleisch dazugeben, kurz anbraten und mit dem Weißwein ablöschen. Den Oregano hinzugeben und mit Salz und Pfeffer abschmecken.
- Für ein paar Minuten köcheln lassen, bis das Fleisch gar ist.
- Vorsicht – nicht zu lange kochen, da es sonst zäh und trocken wird! Das Fleisch sollte schön zart sein!
- Nach Geschmack noch mit Oregano bestreuen und im Topf servieren. Für Einzelportionen eignen sich kleine Pfännchen zum Anrichten.

MONASTIRAKI

ELI-TIPP

DAS TAF IST EINE MISCHUNG AUS CAFÉ, LADEN UND GALERIE. IN DER GALERIE FINDEN WECHSELNDE AUSSTELLUNGEN STATT, IN DEM KLEINEN LADEN GIBT ES WUNDERSCHÖNE HANDWERKSKUNST VON JUNGEN GRIECHISCHEN DESIGNERN ZU KAUFEN. SCHMUCK, MODE BIS HIN ZU KOSMETIK — ALLES IST NACHHALTIG PRODUZIERT — UND WIRD MIT GUTEN IDEEN UND STIL UMGESETZT. DAS DAZUGEHÖRIGE CAFÉ HAT EINEN GROSSZÜGIGEN INNENHOF. TOLLE RÄUMLICHKEITEN, WUNDERSCHÖN ZUM CHILLEN BEI EINEM KAFFEE ODER DRINK!

TAF THE ART FOUNDATION | NORMANOU 5 | 10555 ATHEN

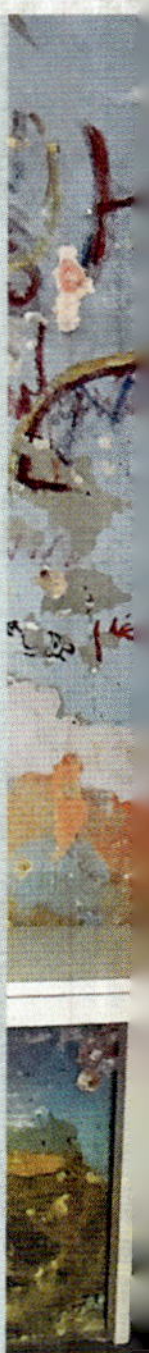

DIESE VERSTECKT GELEGENE ROOF-TOP-BAR IST
EIN ABSOLUTER GEHEIMTIPP. ÜBER MEHRERE
STOCKWERKE VERTEILT – ALLE MIT DEM AUFZUG
ERREICHBAR – KANN MAN HIER FRÜHSTÜCKEN ODER
AM ABEND EINEN DRINK AN DER BAR NEHMEN,
PHÄNOMENALE AUSSICHT INBEGRIFFEN!

COULEUR LOCALE | NORMANOU 3 | 10555 ATHEN

MONASTIRAKI

SALEPI**

für ca. 2 Tassen

ZUTATEN
200 ml Wasser
200 ml Milch + etwas kalte Milch zum Anrühren
1 TL Zimt
4 Gewürznelken
1 Stück Ingwer, ganz fein gerieben
1 TL Salep*
nach Geschmack Honig zum Süßen und Zimt zum Bestreuen

ZUBEREITUNG
- Wasser, Milch, Zimt, Gewürznelken und Ingwer zum Kochen bringen. 15 Minuten köcheln lassen. Den Salep und den Zucker mit etwas kalter Milch verrühren und unter Rühren zu den übrigen Zutaten in den Topf geben. Nochmals für 5 Minuten bei kleiner Flamme köcheln lassen und heiß servieren! Nach Geschmack noch mit Honig verfeinern! Und mit Zimt bestreuen!

TIPP! Wer keine Milch mag, kann Salep auch nur mit Wasser zubereiten!

*»Salep« ist ein Gewürz, aus getrockneten Orchideenknollen. Am besten nimmt man dieses direkt aus Griechenland mit, denn es ist ein schönes Mitbringsel. **»Salepi« ist das cremig-süße Getränk aus diesem Gewürz. Die Griechen schwören auf diesen Tee in den kalten Wintermonaten! Dann wird er sehr heiß getrunken und gilt als Energiespender pur!*

SESAMKRINGEL*

»Koulouri«

für ca. 10 Stück

ZUTATEN
250 g Mehl
1 Päckchen Trockenhefe
½ EL Zucker
ca. 300 ml Wasser
½ TL Salz
25 ml Olivenöl
Sesam zum Bestreuen, ca. 1½ TL pro Kringel

sind eine Art griechisches Street-Food. Diese speziellen Brotringe, gibt es an jeder zweiten Straßenecke. Ursprünglich stammen sie aus der Stadt Thessaloniki. Oft werden sie direkt aus kleinen, fahrbaren Wagen verkauft. Mittlerweile gibt es sie in »verschneiten« Varianten – also auch in süß –, aber die klassischen sind mit Sesam.

ZUBEREITUNG
- Mehl in eine Schüssel sieben.
- Eine Mulde in die Mitte drücken und Trockenhefe, Zucker und etwa 300 ml Wasser hineingeben und so lange kneten, bis ein geschmeidiger Teig entsteht.
- Den Teig abdecken und an einem warmen Ort ca. 1 Stunde gehen lassen.
- Dann Salz und Olivenöl hinzugeben und gut durchkneten.
- Die Arbeitsplatte mit etwas Mehl bestäuben und den Teig in 10 Portionen teilen.
- Nun jeweils die Kringel formen und auf ein mit Backpapier ausgelegtes Backblech legen, mit etwas Wasser befeuchten und gleichmäßig mit dem Sesam bestreuen.
- Für ca. 45 Minuten backen, bis sie goldbraun sind!

TIPP! Wer es etwas knuspriger mag, macht aus dem Teig mehr als 10 Portionen, denn je dünner die Kringel sind, desto knuspriger werden sie.

Stellt man einem Athener die Frage »Wohin würdest du jemand schicken, der noch nie zuvor in dieser Stadt war?«, dann kommt fast immer dieselbe Antwort: PLAKA!

Plaka ist eines der ältesten Viertel Athens. Direkt in der Innenstadt gelegen zwischen den Metrostationen Monastiraki und Akropolis.

ELI-TIPP

ALTES UND NEUES VERMISCHT SICH HIER WIE DIE FARBEN IN BUNTER ZUCKERWATTE. DIESE MISCHUNG IST MANCHMAL ETWAS »KLEBRIG« — ABER DIESEN SÜSSEN GESCHMACK SOLLTE MAN SICH DENNOCH NICHT ENTGEHEN LASSEN!

Plaka hat von allem etwas: Souvenirläden, Straßenkünstler, Fast Food ... Ja, dadurch wirkt das Viertel auf den ersten Blick sehr touristisch, aber auf den zweiten Blick erschließt sich, warum dieser Stadtteil nicht nur von Touristen, sondern auch von den meisten Athenern heiß und innig geliebt wird.

Die Plaka hat ein wenig das Flair eines Museums: Viele Häuser sind antik, die Gässchen sind schmal und verwinkelt und schlängeln sich bergauf Richtung Akropolis. Man fühlt sich hier oft, als wäre man plötzlich auf einer kleinen Insel mitten in der riesigen Hauptstadt.

Trotz des ganzen touristischen Trubels findet man auch hier genug entspannte Cafés und Tavernen. Gerade wenn man von den Hauptschlagadern der Plaka, Kydatheneon und Adrianou, in die kleinen Seitenstraßen abbiegt, kann man es sich bei einem eiskalten Ouzo oder bei einem Kaffee richtig gut gehen lassen!

PLAKA & AKROPOLIS

Die Akropolis, die »Oberstadt«, beherrscht seit rund 3000 Jahren das Stadtbild von Athen und gehört seit 1986 zum Weltkulturerbe der UNESCO.

Athen ohne Akropolis ist unvorstellbar. Sie präsentiert sich aus verschiedensten Perspektiven und in ihren unterschiedlichen Facetten. Bei grellem Sonnenschein erscheint sie klar und fast schon überstrahlt mit all ihren Details. Nachts ist sie in Lichter eingehüllt, die sie wie eine warme Decke umgeben.

Ein Besuch der Akropolis ist trotz anstrengendem Aufstieg an heißen Tagen und der vielen Touristen ein Muss, denn der sagenhafte Blick entschädigt für die Anstrengung.

ELI-TIPP

Auch das vor einigen Jahren umgebaute neue Museum auf der Akropolis ist einen Besuch wert! Wem das zu viel ist: Um die Akropolis herum gibt es viele kleine Wege, von denen aus man einen guten, »nahen« Blick auf die Tempel hat und dabei nicht im Touristenstrom gefangen ist. Mit einem kleinen Picknick verbunden kann man so diese wirklich ganz besondere Energie und Ausstrahlung dieser Schönheit noch mal ganz anders genießen und wahrnehmen …

PLAKA & AKROPOLIS

HALVA MIT GRIESS

»Halvas me simigdali«

für 4–6 Portionen

ZUTATEN
200 ml Milch
250 ml Wasser
120 ml Olivenöl
300 g Hartweizengrieß
250 g Zucker
1 Prise Salz
abgeriebene Schale von ½ Zitrone
Butter zum Einfetten der Form

ZUBEREITUNG
- Die Milch mit dem Wasser zusammenmischen.
- In einem großen Topf das Olivenöl leicht erhitzen. Vorsicht, das Öl darf nicht zu heiß werden! Dann den Grieß langsam hineinschütten und unter ständigem Rühren bei kleiner Hitze goldgelb rösten.
- Von der Herdplatte nehmen.
- Die Milch-Wasser-Mischung in einem Topf erhitzen und unter Rühren den Zucker, Salz und die Zitronenschale hineingeben.
Das Ganze jetzt zu dem Grieß geben und so lange weiterrühren bis ein dickflüssiger Brei entstanden ist. Es sollten keine Klümpchen mehr vorhanden sein.
- Eine Auflaufform mit Butter einfetten, den Halva hineingeben und glatt streichen.
- Etwas auskühlen lassen, dann für ca. 2 Stunden in den Kühlschrank geben, bis er fest geworden ist

TIPP! Wer mag, kann auch geröstete, klein gehackte Nüsse auf den Halva streuen!

GRIECHISCHER MOKKA

»Ellinikos«

für 1 Mokkatasse

ZUTATEN
1 Mokkatasse Wasser
1 TL Mokka
1 TL Zucker

ZUBEREITUNG
- Das Wasser in ein kleines Kupferkännchen geben. Den Mokka und den Zucker hinzugeben und das Ganze unter Rühren langsam erhitzen. Sobald der Mokka zu schäumen beginnt, etwas Schaum in die Mokkatasse geben, den restlichen Kaffee nochmals kurz aufschäumen lassen und langsam in die Tasse gießen.

SKALES

DAS SKALES LIEGT WENIGER ALS EINEN KILOMETER VON DER AKROPOLIS ENTFERNT UND IST EINE GELUNGENE MISCHUNG AUS CAFÉ, BAR UND OUZERIE. ZU ESSEN GIBT ES MEZE, TYPISCH GRIECHISCHE KLEINIGKEITEN. HIER SITZEN STUDENTEN NEBEN RENTNERN, DIE SICH ZUM TAVLI-SPIELEN TREFFEN. MAN SITZT ENTSPANNT AN KLEINEN TISCHEN AUF EINER TREPPE UND VERGISST DEN TRUBEL UM SICH HERUM. EINE KLEINE OASE MITTEN IN DER HEKTIK DER GROSSSTADT.

NILEOS 1/THISIO | 11851 ATHEN

PLAKA & AKROPOLIS

KLEPSIDRA

Die Taverne Klepsidra liegt in einer kleinen Seitenstrasse am Fusse der Akropolis und ist seit Jahrzehnten fester Bestandteil in Plaka. Manche Mitarbeiter arbeiten hier schon seit über 40 Jahren. Typisch griechisch ist hier nicht nur das Essen, sondern auch die Lässigkeit und der Humor der Mitarbeiter, die immer mit Liebe bei der Sache sind. Im Klepsidra kann man sehr gut eine Pause fernab vom Touristenstrom einlegen – am besten bei einer hausgemachten Pita und einem Glas Wein. Es gibt nur eine kleine Karte mit einfachen, aber guten griechischen Gerichten zu fairen Preisen. Gerade tagsüber ist es hier meist sehr ruhig. Wer mehr Trubel möchte: Einfach abends herkommen!

THRASIVOULOU 9 | 10556 ATHEN

6 GAZI & Kerameikos

IN BEIDEN VIERTELN SPÜRT MAN DEN UMBRUCH, MIT ALLEM, WAS DAZUGEHÖRT – EIN WENIG ERINNERN SIE AN BERLIN DIREKT NACH DER WENDE.

Gazi, das ehemalige Industrie- und Gewerbegebiet, war früher ein Armeleuteviertel. Durch aufwendige Sanierungsmaßnahmen ist Gazi zu einem der modernsten Viertel in Athen geworden. So wurde zum Beispiel die ehemalige Gasfabrik durch mehrjährigen Umbau zu einem über 30.000 Quadratmeter großen Kulturzentrum – ein spannendes Areal mit vielen internationalen Theateraufführungen, Ausstellungen und Konzerten. Besonders beeindruckend ist das gelungene architektonische Zusammenspiel zwischen altem und neuem Athen: der antike Friedhof Kerameikos, das Technopolis als Veranstaltungsort und Museum und ein Teil des Benaki-Museums für moderne Kunst. Den Stadtplanern ist hier eine wirklich sehenswerte Umstrukturierung gelungen.

Kerameikos selbst liegt nur 15 Gehminuten von der Akropolis entfernt. Doch hier erlebt man – zumindest tagsüber – athenische Entspannung pur.

Am Abend begegnen einem Partygänger und die Besucher angesagter Gourmetrestaurants.

Die Mietpreise für Läden, Ateliers und Wohnungen sind hier noch niedrig. Eine Chance also für Künstler, sich hier niederzulassen. Hier leben Menschen Tür an Tür zusammen, die man sonst nicht in direkter Nachbarschaft vermuten würde. Ein Viertel jenseits von Konventionen, geboren aus der Krise und fester Bestandteil des neuen Athen.

GAZI & KERAMEIKOS

ELI-TIPP

DAS TECHNOPOLIS – DAS EHEMALIGE GASWERK. MITTLERWEILE EIN VERANSTALTUNGSORT, WO REGELMÄSSIG AUSSTELLUNGEN, FOOD-MÄRKTE UND KONZERTE WIE DAS JAZZFESTIVAL MIT KÜNSTLERN AUS ALLER WELT STATTFINDEN. DIE STIMMUNG UND DIE AKUSTIK SIND GRANDIOS: EIN OPEN-AIR-KONZERT VOR DIESER BEEINDRUCKENDEN KULISSE IST EINFACH UNVERGESSLICH! ALSO: UNBEDINGT DEN VERANSTALTUNGSKALENDER CHECKEN.

Zahlreiche Cafés, Bars und Restaurants gruppieren sich rund um den Metrobahnhof und die angrenzenden Gassen und Straßen.

INO, einer der bekanntesten Street-Art-Künstler Griechenlands, hat im Zentrum Athens an eine Hochhauswand zwei gigantische Hände gemalt. Eine zieht die andere nach oben. Der Titel des Werks: »Wake up« (Wach auf).

GAZI & KERAMEIKOS

GOGO

SIE IST EINE ERSCHEINUNG, EIN MENSCH VOLLER KONTRASTE: LAUT UND GLEICHZEITIG SEHR STILL. WILL VIEL UND IST GLEICHZEITIG SEHR REDUZIERT. IM GRUNDE WIE IHRE GELIEBTE »ATHINA«, DIE SIE AUF DEM ARM TÄTOWIERT HAT. SIE IST WIE DIE STADT, MIT UNBÄNDIGER LEBENSLUST, DEM DRANG, SICH IMMER WIEDER NEU ZU ERFINDEN, UND DEM MUT, DEN ES DAZU AUCH BRAUCHT.

EIGENTLICH HAT GOGO JURA STUDIERT UND ALS ANWÄLTIN GEARBEITET, ABER IHRE LIEBE UND PASSION GALT IMMER DEM ESSEN. GUTEM ESSEN.
UND GENAU DAS MACHT SIE JETZT: KOCHEN. FÜR ANDERE UND MIT ANDEREN. UND DARÜBER SCHREIBEN. GOGO IST EINE DER BEKANNTESTEN FOOD-BLOGGERINNEN GRIECHENLANDS.

NEBEN IHRER VIRTUELLEN BLOGGER-WELT LEBT GOGO AUCH »ANALOG«: SIE LIEBT ES, IHRE GÄSTE IM BIOS MIT IHREN TRADITIONELL GRIECHISCHEN GERICHTEN ZU BEKOCHEN. DARÜBER HINAUS GIBT SIE KOCHKURSE, SOWOHL BEI GROSSEN UNTERNEHMEN ALS AUCH FÜR KINDER. KINDERN DEN SPASS AM KOCHEN UND ESSEN BEIZUBRINGEN, DAS LIEGT IHR BESONDERS AM HERZEN.

GAZI & KERAMEIKOS

»ICH WILL FREUDE MIT MEINEM ESSEN BEREITEN.
ESSEN UND LACHEN, DAS IST MEIN LEBENSMOTTO.«
GOGO

BIOS

»EXPLORING URBAN CULTURE« – DER NAME IST PROGRAMM. DENN IN DIESER LOCATION GIBT ES EINE BAR, EIN RESTAURANT, EIN THEATER, EIN KINO – UND EINE DACHTERRASSE MIT EINEM WIRKLICH TOLLEN BLICK AUF DIE AKROPOLIS. INS BIOS GEHEN HAUPTSÄCHLICH ATHENER, DENN HIERHER VERIRRT SICH NICHT MAL EBEN EIN TOURIST. ES IST GRANDIOS, AUF DEM ROOFTOP IN EINEM DER LIEGESTÜHLE ZU FLÄZEN, EINEN GUTEN COCKTAIL IN DER HAND, DIE ABGEFAHRENEN PROJEKTIONEN AUF DER WAND, GUTE MUSIK. ODER EINEN FILM. UND DAS PANORAMA. VIEL MEHR GEHT NICHT! DOCH: GUTES ESSEN. UND DAS KOCHT: GOGO. TOLLE EIGENKREATIONEN, ANGELEHNT AN DIE KLASSISCH-GRIECHISCHE KÜCHE.

PIREOS 84 | 10435 ATHEN
EIN BESUCH VON DEN VIELEN ANGEBOTENEN VERANSTALTUNGEN LOHNT SICH!
WWW.BIOS.GR

GAZI & KERAMEIKOS

»Kremidopita«

ZWIEBELKUCHEN

für 1 Springform, Ø 26 cm

TEIG 500 g Mehl | 1 Päckchen Backpulver | 150 g weiche Butter, in Stücke geschnitten | 100 ml Olivenöl | 200 g Joghurt | 1 Bio-Ei, verquirlt | 1 TL Salz
1 TL Paprikapulver
FÜLLUNG 4 große Zwiebeln | 1 Stange Lauch | 6 EL Olivenöl + etwas mehr zum Einfetten der Backform | 1 EL Rundkornreis | 3 EL glatte Petersilie, fein gehackt | 1 EL Thymian, fein gehackt | 1 EL Dill, fein gehackt | Salz | frisch gemahlener schwarzer Pfeffer

ZUBEREITUNG

- Zunächst das Mehl in eine große Schüssel sieben und mit dem Backpulver vermischen. In die Mitte eine Mulde drücken und darin die restlichen Zutaten für den Teig hineingeben. Zunächst mit einer Gabel von innen nach außen mit dem Mehl vermischen. Dann mit den Händen zu einem glatten Teig kneten – bei Bedarf etwas Mehl hinzugeben.
- Zu einer Kugel formen und für 1 gute Stunde abgedeckt in den Kühlschrank stellen.
- Die Zwiebeln schälen, halbieren und klein schneiden. Den Lauch gründlich waschen und in Ringe schneiden. Das Olivenöl in einer großen Pfanne erhitzen. Zwiebeln und Lauch hinzugeben und bei kleiner Flamme glasig dünsten. Den Reis, die Petersilie, den Thymian und den Dill hinzugeben und kurz durchschwenken – mit Salz und Pfeffer würzen.
- Eine Springform mit Olivenöl einfetten. Zwei Drittel des Teigs auf einer leicht bemehlten Arbeitsfläche etwas größer als die Form ausrollen. In die Form legen, sodass der Rand auch damit bedeckt ist. Den Rest so ausrollen, dass er als Deckel auf den Kuchen passt.
- Die Zwiebelfüllung auf dem Boden verteilen, den Deckel draufgeben und im Backofen auf der mittleren Schiene ca. 50 Minuten bei 180 °C backen, bis er goldbraun ist.
- Warm und kalt sehr lecker!

 WAS LIEBST DU AM MEISTEN AN ATHEN?
DAS ERSTAUNLICHSTE AN ATHEN IST DIE URBANE KULTUR. AN JEDER ECKE WARTET EIN KLEINER SCHATZ DARAUF, ENTDECKT ZU WERDEN! JEDEN TAG AUFS NEUE!

VON WEM HAST DU KOCHEN GELERNT?
VON MEINER GROSSMUTTER, EINER BEGNADETEN KÖCHIN! SORRY, MAMA, DU KOCHST AUCH NICHT SCHLECHT … HAHAHAHAH! (LAUTES LACHEN AUS TIEFSTEM HERZEN … UND WENN GOGO LACHT, DANN LACHT SIE WIRKLICH!!)

WAS ISST DU AM LIEBSTEN?
EINES MEINER LIEBLINGSGERICHTE IST EINE GANZ EINFACHE, ABER PERFEKT ZUBEREITETE PASTA BOLOGNESE! ICH BRAUCHE KEIN CHICHI. ICH LIEBE GERICHTE, DIE SCHNELL ZUBEREITET WERDEN KÖNNEN, MIT WENIGEN, ABER GUTEN UND FRISCHEN ZUTATEN.

GAZI & KERAMEIKOS

PILZPFANNE MIT HALLOUMI

für 4–6 Portionen

ZUTATEN 1 Schalotte | 500 g weiße Champignons | 250 g braune Champignons | 200 g Halloumi-Käse | 6 EL Olivenöl | 3 Stängel frischer Thymian, fein gehackt | Salz | frisch gemahlener schwarzer Pfeffer | 150 ml Weißwein | 2 EL mittelscharfer Senf

ZUBEREITUNG
- Die Schalotte in feine Würfel schneiden. Die Pilze säubern und in mundgerechte Stücke schneiden. Den Halloumi in Würfel schneiden.
- Das Olivenöl in einer Pfanne erhitzen und die Schalottenwürfel darin glasig braten. Die Pilze dazugeben und anbraten, bis sie etwas Farbe bekommen. Dann den Thymian hinzufügen, mit Salz und Pfeffer würzen. Dann mit dem Weißwein ablöschen, den Senf dazugeben, durchrühren und für ein paar Minuten köcheln lassen. Zum Schluss noch den Halloumi-Käse hineingeben – alles gut miteinander vermischen und gleich servieren!

TIPP! Mit Brot und Salat ein schnelles, leichtes Sommeressen! Toll auch zu gegrilltem Fleisch! Natürlich kann man dafür auch andere Pilze nehmen! Ganz nach Geschmack und Saison!

»Proino Tortilla«

FRÜHSTÜCKSTORTILLA À LA GOGO

für 2 Portionen

ZUTATEN

120 g Feta
100 g griechischen Joghurt
Salz
frisch gemahlener schwarzer Pfeffer
6 Pilze
Olivenöl zum Braten und Beträufeln
2 EL glatte Petersilie, fein gehackt
100 g Kirschtomaten
4 Tortilla-Wraps à 25 cm
6 Scheiben Schinken, nach Geschmack
2 Bio-Eier, gebraten
Käse nach Belieben, gerieben

ZUBEREITUNG

- Zuerst die Feta-Creme zubereiten. Dafür den Feta in eine Schüssel bröseln und gründlich mit dem Joghurt vermischen. Mit Salz und Pfeffer würzen.
- Die Pilze säubern und in Streifen schneiden. Etwas Olivenöl in einer Pfanne erhitzen und die Pilze darin anbraten, bis sie etwas Farbe bekommen, die Petersilie dazugeben. Mit Salz und Pfeffer würzen.
- Die Kirschtomaten waschen und halbieren.
- Dann ein Tortilla-Wrap ausbreiten und gleichmäßig mit etwas Feta-Creme bestreichen. Mit zwei Scheiben Schinken belegen und etwas von den Pilzen und den Tomaten darauf verteilen. Mit den übrigen Wraps genauso verfahren – oben mit einem Wrap abschließen.
- Etwas Olivenöl in einer Pfanne erhitzen und darin die Eier zu Spiegeleiern braten.
- Auf die Wraps legen, nach Belieben mit Käse bestreuen und mit etwas gutem Olivenöl beträufeln. Gleich servieren! Wer mag, kann dazu noch einen Salat reichen!

»Fileto psariou me panko krousta«

FISCHFILET MIT PANKO-KRUSTE

für 4 Portionen

ZUTATEN
4 Bio-Eier
2 EL Senf
1 TL getrockneter Thymian
1 TL getrockneter Oregano
Salz
frisch gemahlener schwarzer Pfeffer
800 g Fischfilet (wie Kabeljau, Lachs, Dorade …)
200 g Panko-Mehl (ersatzweise Semmelbrösel)
150 g Weizenmehl
etwas Olivenöl zum Ausbacken

ZUBEREITUNG
- Die Eier in einer großen Schüssel aufschlagen und verquirlen. Dann den Senf, Thymian und Oregano hineingeben und alles gründlich miteinander verrühren. Mit Salz und Pfeffer würzen.
- Den Fisch abspülen, trocken tupfen und in 8 Stücke schneiden.
- Das Panko-Mehl und das Weizenmehl auf je einen Teller verteilen.
- Die Fischfilets erst durch das Weizenmehl, anschließend durch die Ei-Masse und das Panko-Mehl ziehen.
- Das Olivenöl erhitzen und die Fischfilets darin ausbacken, bis sie eine goldene Farbe bekommen.
- Auf Küchenpapier kurz abtropfen lassen und gleich servieren!

»WENN ICH DICH NICHT DAZU BRINGEN KANN, ES ZU SEHEN, IST ES, ALS OB ICH ES AUCH NICHT SEHE …« GOGOS LIEBLINGSZITAT VON GIANNIS RITSOS

GAZI & KERAMEIKOS

FUNKY GOURMET

SEIT ZEHN JAHREN FÜHREN GEORGIANNA HILIADAKI UND NIKOS ROUSSOS DAS FUNKY GOURMET MIT LIEBE UND SEHR ERFOLGREICH. MITTLERWEILE HAT DAS RESTAURANT SEINEN ZWEITEN STERN IM GUIDE MICHELIN ERKOCHT. ESSEN WIRD HIER ZUR KUNSTFORM, EIN ERLEBNIS WIE EIN BESUCH IM THEATER ODER IN DER OPER. DOCH JETZT IST ES FÜR GEORGIANNA UND NIKOS AN DER ZEIT, NEUE WEGE ZU GEHEN, NEUE HERAUSFORDERUNGEN ZU SUCHEN. DAS FUNKY GOURMET ZIEHT MIT DEM GESAMTEN TEAM UM, SEIN NEUES ZUHAUSE WIRD DAS HILTON HOTEL ATHEN. HIER WIRD ES EIN NEUES KONZEPT GEBEN, NEUE IDEEN. WAS BLEIBEN WIRD, IST NATÜRLICH DAS HOHE KULINARISCHE NIVEAU.
MAN DARF GESPANNT SEIN.
FÜR ALLE INFOS ZU DEN NEUEN PROJEKTEN UND LOCATIONS VON FUNKY GOURMET:

WWW.FUNKYGOURMET.COM

GEORGIANNA HILIADAKI

» IN ATHEN GEBOREN
» STUDIERTE INTERNATIONAL RELATIONS AN DER UNIVERSITY OF READING IN GROSSBRITANNIEN
» NACH ABSCHLUSS IHRES STUDIUMS FÜHRTE SIE IHRE LEIDENSCHAFT FÜR DAS KOCHEN NACH NEW YORK, WO SIE AM INSTITUTE OF CULINARY EDUCATION IN MANHATTAN EINEN ABSCHLUSS IN »CULINARY ARTS« UND RESTAURANTMANAGEMENT MACHTE.
» ARBEITETE IN VERSCHIEDENEN RESTAURANTS IN GRIECHENLAND, SPANIEN UND DEN USA

NIKOS ROUSSOS

» ATHENER UND STUDIERTER BETRIEBSWIRT
» NACH ABSCHLUSS DES STUDIUMS ARBEITETE ER IN DEM SILBERSCHMIEDEBETRIEB SEINER FAMILIE
» SEINE LIEBE ZUM KOCHEN BRACHTE IHN NACH NEW YORK, WO ER AM INSTITUTE OF CULINARY EDUCATION IN MANHATTAN EINEN ABSCHLUSS IN »CULINARY ARTS« ERLANGTE.
» DANACH STATIONEN IN VERSCHIEDENEN RESTAURANTS IN EUROPA UND DEN USA

» 2007 GRÜNDETEN SIE ZUSAMMEN MIT ARGYRO HILIADAKI DAS FUNKY GOURMET UND 2014 DAS RESTAURANT OPSO IN LONDON

GEORGIANNA, WAS LIEBST DU AM MEISTEN AN DEINEM JOB?
ICH FINDE MEINE ARBEIT EINFACH TOLL. SIE KANN ANSPRUCHSVOLL SEIN, IST SEHR KOMPLEX UND UNTERLIEGT EINEM SCHNELLEN RHYTHMUS. ABER ICH KANN AUCH VERRÜCKT SEIN IN DEM, WAS ICH TUE. KOCHEN ERLAUBT ES MIR, MEINE KREATIVITÄT DURCH MEINE GERICHTE AUSZUDRÜCKEN – UND ZWAR ÜBERALL AUF DER WELT!

WAS IST FÜR DICH AN ATHEN BESONDERS?
ATHEN IST MEIN GEBURTSORT, DIE STADT, IN DER ICH AUFGEWACHSEN BIN, LEBE, ARBEITE UND MEINE KINDER GROSSZIEHE. UND ATHEN IST GENAU DIE RICHTIGE STADT FÜR DAS FUNKY GOURMET. WEIL WIR VERSUCHEN, DIE TRADITIONELLE GRIECHISCHE KÜCHE NEU ZU ERFINDEN UND DEM BEKANNTEN GRIECHISCHEN GESCHMACK INNOVATIVE AKZENTE ZU GEBEN. ICH LIEBE AUCH LONDON, WO WIR NOCH DAS RESTAURANT OPSO FÜHREN. LONDON IST EIGENTLICH MEIN ZWEITES ZUHAUSE. ABER NUR DAS ZWEITE, DAS ERSTE ZUHAUSE IST ATHEN!

DEIN LIEBLINGSESSEN? WELCHES GERICHT? WARUM? VON WEM HAST DU KOCHEN GELERNT?
ICH LIEBE HYLOPITAKI, EINE GRIECHISCHE PASTA, DIE MIT GERIEBENEM GRAVIERA-KÄSE SERVIERT WIRD. ABER DAS BESTE: HUHN MIT TOMATENSAUCE VON MEINER MUTTER. AN DIESES GERICHT KOMMT NICHTS AUF DER WELT RAN! BEREITS MIT SECHS JAHREN HABE ICH ANGEFANGEN ZU KOCHEN. ICH HABE ES GELIEBT, MEINER MUTTER BEIM KOCHEN ZU HELFEN – SIE IST DIE BESTE KÖCHIN, DIE ICH KENNE! UND ICH KANN MICH NOCH GUT ERINNERN, ALS ICH MEINE MUTTER UM ETWAS GELD GEBETEN HABE, UM MIR MEIN ERSTES EIGENES KOCHBUCH ZU KAUFEN, EIN KOCHBUCH MIT REZEPTEN AUS ALLER WELT.

GAZI & KERAMEIKOS

WELCHE TIPPS FÜR ATHEN HAST DU?

ATHEN IST EINE PULSIERENDE STADT, DIE VIELFÄLTIGE MÖGLICHKEITEN FÜR FREIZEIT UND KULTUR BIETET. WENN WIR ÜBER ESSEN REDEN: STEHT MIR DER SINN NACH SUSHI, GEHE ICH ZU SUSHIMOU. FÜR KAFFEESPEZIALITÄTEN GEHE ICH ZU TAF. UM FLEISCH ZU GENIESSEN, GEHE ICH ZU STRATOS IN SEIN DRAKOULIS MEAT OPEN PROJECT. ANGENEHME ATMOSPHÄRE, TOLLE GETRÄNKE UND LECKERES ESSEN.

DEIN LIEBLINGSZITAT LAUTET?

DER KATALANISCHE CHEFKOCH FERRAN ADRIÀ SAGTE EINMAL: »MAN MUSS ORGANISIERT SEIN, UM KREATIV ZU SEIN.« DIESER EINFACHE RATSCHLAG HAT SICH WÄHREND MEINES KULINARISCHEN LEBENS OFT BEWAHRHEITET.

WAS WÜRDEST DU JEMANDEM EMPFEHLEN, DER NOCH NIE IN ATHEN WAR?

ZUERST INS FUNKY GOURMET UND DANN DIE AKROPOLIS BESUCHEN! (HAHA)

ELI-TIPP

DIE REZEPTE AUF DEN FOLGENDEN SEITEN VON FUNKY GOURMET SIND FÜR DIEJENIGEN GEEIGNET, DIE GROSSE HERAUSFORDERUNGEN UND VIEL PERFEKTION LIEBEN! ABER DIE ZUBEREITUNG DES MIKROWELLEN-VANILLEKUCHENS BEKOMMT WIRKLICH JEDER HIN!

GAZI & KERAMEIKOS

»FALSCHES« EI

»>Lathos< malako vrasto avgo«

für 6 Portionen

SCHOKOLADE 500 g Kakaobutter | 500 g Ivoire-Schokolade | 70 g Jivara-Schokolade | 0,2 g rote Farbe für Schokolade

EIER 165 g Wasser | 10 g Glukose | 30 g Invertzucker | 4 g Super-Neutrose-Eispulver | 500 g Kokosnusspüree, durch ein Sieb gestrichen

MANGO-»DOTTER« 300 g Mangopüree, durch ein Sieb gestrichen | 140 g Passionsfruchtpüree, durch ein Sieb gestrichen | 55 g Cointreau | 7 g Vanilleessenz

MIKROWELLEN-VANILLEKUCHEN 7 g Backpulver | 100 g Mehl | 100 g Butter, geschmolzen | 60 g Milch | 40 g Vanilleessenz | 100 g Ei | 100 g Zucker

»SALZ« UND »PFEFFER« Getrocknete Kokosnuss | Tonkabohne

AUSSERDEM: Eiformen | Trockeneis

SCHOKOLADE
- Kakaobutter in der Mikrowelle schmelzen. Beide Schokoladen zugeben. 2 Minuten stehen lassen und vermischen.
- Farbe zugeben und beiseitestellen.

EIER
- Wasser, Glukose und Invertzucker in einem Topf erhitzen. Wenn die Mischung 45 °C erreicht, das Super-Neutrose-Eispulver zugeben und mit einem Stabmixer mixen.
- Unter ständigem Rühren aufkochen und 3 Minuten kochen lassen.
- Durch ein Sieb streichen und auf Eis abkühlen lassen. Sobald die Mischung abgekühlt ist, das Kokosnusspüree ebenfalls durch ein Sieb streichen und untermischen. In einen Pacojet-Behälter geben und über Nacht im Kühlschrank reifen lassen.
- Am folgenden Tag komplett einfrieren und jeweils die benötigte Menge pacossieren.
- 18 Gramm der Zucker-Kokos-Mischung in jede Eierform geben, gerade abziehen und im Tiefkühler einfrieren.
- Die Mitte des Sorbets mit einem 25-mm-Kugelausssstecher auskratzen, der in heißes Wasser getaucht wurde. Die Form auf Trockeneis legen, damit die äußere Schicht hart wird.
- Jeweils zwei Hälften zu einem Ei zusammenfügen, dabei ein Holzstäbchen einbetten.
- Die Schokoladenmasse auf 35 °C temperieren und die Eier eintauchen. Gerade halten, bis die Masse erkaltet ist.
- Die Holzstäbchen herausnehmen, ohne das Loch zu verschließen.

MANGO-»DOTTER«
- Zutaten gut verrühren, in 10-ml-Spritzen füllen und kühl stellen.

MIKROWELLEN-VANILLEKUCHEN
- Backpulver und Mehl vermischen.
- Butter, Milch und Vanilleessenz gut vermischen.
- Eier und Zucker in der Küchenmaschine aufschlagen, bis die Masse glatt ist und etwa das doppelte Volumen hat.
- Während der Mixer auf mittlerem Tempo läuft, die Butter-Milch-Mischung zugeben.
- Die Mehlmischung vorsichtig mit einem Teigschaber unterheben. Dann die Masse durch ein Sieb streichen und mindestens 20 Minuten im Kühlschrank reifen lassen.
- In einen Einmal-Kaffeebecher drei Löcher stechen. 25 Gramm der Masse einfüllen und 30 Sekunden in der Mikrowelle bei voller Leistung backen.

ANRICHTEN
- Die Eier mit den Spritzen durch das Loch mit der Fruchtmasse füllen.
- Mit etwas Kakaomasse verschließen und in Eierbecher stellen.
- »Salz« und »Pfeffer« in Streuer füllen und die Eier zusammen mit den Vanillekuchen servieren.

GEFÜLLTES WEINBLATT MIT EI-ZITRONEN-SAUCE

»Dolmas me Avgolemono«

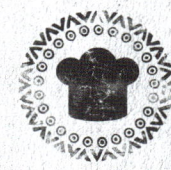

für 10 Weinblätter

WEINBLÄTTER 1 l Sirup aus gleichen Anteilen Zucker und Wasser | 10 ganze, eingelegte Weinblätter | Schale von 2 Zitronen

EI-ZITRONEN-SAUCE 20 g Dill | 220 g Bio-Ei | 40 g Zitronensaft | 6,2 g Fleur de Sel | 1,2 g weißer Pfeffer | 500 g Hühnerfond

DOLMAS-GRUNDMASSE 200 g Zwiebeln | 5 g Knoblauch | 110 g Frühlingszwiebeln | 50 g Weinblätter ohne Stiele | 280 g Quinoa | 30 g Schinkenfett, geschmolzen | 75 g Olivenöl | 280 g Hühnerfond | 10 g Meersalz

DOLMAS-FÜLLUNG 11 g Minze | 10 g glatte Petersilie | 10 g Dill | 600 g Dolmas-Grundmasse | 1,2 g weißer Pfeffer | 4 g Zitronenzeste | 15 g Zitronensaft | 150 g Ei-Zitronen-Sauce (Avgolemono)

JOGHURTSAUCE 300 g Ei-Zitronen-Sauce | 75 g Joghurt | 25 g Sirup

WEINBLÄTTER
- Sirup in eine Schüssel geben und Weinblätter eintauchen, sodass sie komplett mit Sirup überzogen sind.
- Die Blätter einzeln herausnehmen und sehr gut von beiden Seiten mit Papier abtrocknen. Auf einer Seite mit Zitronenabrieb bestreuen.
- Nebeneinander in den Einsatz eines mit Folie ausgelegten Dehydrators (Dörrautomat) geben.
- Bei 55 °C mindestens 12 Stunden trocknen (erst direkt vor der Verwendung rausnehmen).

EI-ZITRONEN-SAUCE
- Dill fein hacken. Eier in eine Schüssel geben und mit dem Schneebesen gut aufschlagen.
- Eine weitere Schüssel auf ein Eisbad stellen und Zitronensaft, Salz und Pfeffer hineingeben.
- Hühnerfond in einem Topf zum Kochen bringen. Unter Rühren in die Schüssel mit den Eiern geben, anschließend in den Topf zurückgießen und unter ständigem Rühren auf 79 °C erhitzen. Sofort vom Feuer nehmen und durch ein Sieb in die Schüssel mit der Zitrone geben.
- Rühren, bis alles gut miteinander vermischt ist.
- Erneut durch ein Sieb geben, Dill hinzufügen und in eine Quetschflasche füllen.

DOLMAS-GRUNDMASSE
- Zwiebeln sehr fein würfeln, Knoblauch ganz fein hacken. Frühlingszwiebeln und Weinblätter ganz fein schneiden.
- Quinoa 10 Minuten in kochendem Wasser blanchieren, beiseitestellen. Schinkenfett mit dem Olivenöl in einer schweren Pfanne erhitzen.
- Zwiebeln, Frühlingszwiebeln und Knoblauch ganz kurz anschwitzen, Quinoa zugeben, weiterschmoren, dabei nach und nach den Hühnerfond zugeben.
- Mit Salz abschmecken, ganz am Schluss die Weinblätter unterrühren und die Masse in einer Schüssel über einem Eisbad kalt rühren.

DOLMAS-FÜLLUNG
- Die Kräuter ganz fein hacken und mit den übrigen Zutaten vorsichtig, aber gründlich vermischen.
- Bis zum Servieren bei Zimmertemperatur abgedeckt aufbewahren.

JOGHURTSAUCE
- Alle Zutaten gut mischen.

ANRICHTEN
- 50 Gramm Dolmas-Mischung auf einen Teller setzen, 3 Tupfen Joghurtsauce draufgeben und mit der Joghurtsauce beträufeln. Mit einem Weinblatt abdecken und gleich servieren!

GEORGINA

GEORGINA IST EINE JUNGE SCHAUSPIELERIN, DIE SCHON IN BEKANNTEN SERIEN UND KINOFILMEN GROSSE ERFOLGE GEFEIERT HAT. IHRE LIEBE GEHÖRT JEDOCH DEM THEATER. BESONDERS GERNE TRITT SIE AUF KLEINEN BÜHNEN AUF, WEIL SIE DEN MENSCHEN HIER BESONDERS NAHE SEIN KANN. DIE LEIDENSCHAFT FÜR DIE THEATERWELT HAT SIE VON IHREM GROSSVATER GEORGOS, DER SIE VON KLEIN AUF MITGENOMMEN HAT. MIT IHM VERBINDET SIE BIS HEUTE EIN INNIGES VERHÄLTNIS. ER HAT IHR BEIGEBRACHT, ALLES, WAS MAN TUT, MIT GANZEM HERZEN ZU TUN — ODER ES SEIN ZU LASSEN. AUS DIESER LEBENSSICHT RESULTIERT GEORGINAS KLARE, SELBSTBEWUSSTE HALTUNG ZU VIELEN DINGEN, DIE SIE ALS MENSCH — UND ALS SCHAUSPIELERIN — AUSMACHT.

GAZI & KERAMEIKOS

ELI-TIPP  DAS THEATER HAT IN ATHEN EINE LANGE TRADITION UND IST DESHALB FÜR VIELE GRIECHEN SEHR WICHTIG. JEDES VIERTEL, UND SEI ES NOCH SO KLEIN, HAT EIN KLEINES PRIVATES THEATER. MEIST WERDEN DIESE DURCH PRIVATE INITIATIVEN FINANZIERT. EINES DER LIEBLINGS-THEATER VON GEORGINA IST DAS EPI KOLONO. ES WAR NICHT IMMER EIN THEATER, FRÜHER GING IHR GROSSVATER GEORGOS IN DIESEM GEBÄUDE ZUR SCHULE.

THEATER EPI KOLONO | NAFPLIOU 12 | 10444 ATHEN

 **ELI-TIPP** IST MAN EINMAL HIER, MUSS MAN INS BEAUTY KILLED THE BEAST. ES IST PERFEKT FÜR EINEN KAFFEE AM NACHMITTAG ODER EINEN COCKTAIL BEI NACHT, DANN MIT DEN BESTEN DJS DER STADT. WUNDERSCHÖNES AMBIENTE, KOMBINIERT MIT EINEM UNGLAUBLICH LÄSSIGEN UND GASTFREUNDLICHEN SERVICE: HINGEHEN!

BEAUTY KILLED THE BEAST | PARAMITHIAS 14 | 10435 ATHEN

METS IST EIN VIERTEL FÜR DIE GEHOBENE MITTELSCHICHT. LEICHT EDEL UND ZURÜCKHALTEND. DIE NACHBARN KENNEN SICH HIER. OBWOHL ES SEHR ZENTRAL LIEGT, IST ES KEIN AUSGEWIESENES TOURISTENVIERTEL.

METS

In Mets ist vom »neuen Athen« nicht viel zu spüren. Es ist beschaulich und still, mit vielen kleinen Tavernen und Handwerksläden.

Aber über die Jahre sind einige neue Cafés und Bars entstanden, die sich gut ins Bild des Viertels einfügen. Das Kafenio beispielsweise, das traditionelle griechische Kaffeehaus, liegt direkt neben einem neuen Hipster-Café. Mokka neben Freddo Cappuccino. Nebeneinander, miteinander, aber niemals gegeneinander.

Eigentlich fühlt man sich hier eher wie in einem beschaulichen Dorf, denn jeder kennt jeden. Und gleichzeitig hat man Großstadtflair um sich, der Syntagma-Platz, einer der hektischsten und touristischsten Ecken Athens, ist nicht weit entfernt.

Das Panathinaiko-Stadion liegt direkt an der Grenze zu Mets. Dieses antike Stadion aus dem Jahr 330 v. Chr. wurde im Jahr 1895 für die ein Jahr später stattfindenden ersten Olympischen Spiele der Neuzeit komplett erneuert. Bis zu 80.000 Menschen finden hier Platz. Bis heute ist das Stadion der Zieleinlauf für den jährlichen Athener Marathon.

METS

TAVERNA VIRINIS

EINE FAMILIÄR GEFÜHRTE TAVERNE MITTEN IN METS DIREKT GEGENÜBER DES STADIONS. HIER GIBT ES GUTES, TRADITIONELLES GRIECHISCHES ESSEN, SEHR ZU EMPFEHLEN IST DAS WILDSCHWEIN-SOUVLAKI. MAN BESTELLT AM BESTEN VIELE VERSCHIEDENE GERICHTE UND GENIESST DIESE AUF DER HOF-TERRASSE IM HINTERHOF, ODER – SEHR »TYPISCH GRIECHISCH« – EINFACH MITTEN AUF DEM BÜRGERSTEIG.

ARCHIMIDOUS 11 | 11635 ATHEN

»Gigantes plaki«

GEBACKENE BOHNEN IN TOMATENSAUCE

für 6 Portionen

ZUTATEN
250 g getrocknete große weiße Bohnen
1 Zwiebel
3 Knoblauchzehen
1 Karotte
60 ml Olivenöl
2 EL Tomatenmark
1 Dose passierte Tomate
3 Lorbeerblätter
Salz
frisch gemahlener schwarzer Pfeffer
ein paar Zweige glatte Petersilie

ZUBEREITUNG
- Die Bohnen über Nacht in Wasser einweichen. Am nächsten Tag abgießen und abspülen. In einen Topf geben, mit so viel Wasser bedecken, dass sie gerade bedeckt sind, und für ca. 90 Minuten bei geringer Hitze und geschlossenem Deckel köcheln – bis sie gar sind, aber noch etwas »Biss« haben. Bei Bedarf noch etwas Wasser hinzugießen.
- In der Zwischenzeit die Zwiebel und die Knoblauchzehen schälen und in feine Würfel schneiden. Die Karotte waschen und in Scheiben schneiden. 3 Esslöffel von dem Olivenöl in einem großen Topf erhitzen und die Zwiebel und den Knoblauch darin glasig dünsten. Dann das Tomatenmark hinzufügen. Etwas anrösten lassen, mit den passierten Tomaten ablöschen, restliches Olivenöl und die Lorbeerblätter hinzufügen und 30 Minuten köcheln lassen.
- Mit Salz und Pfeffer würzen.
- Die Bohnen mit dem Kochwasser zu dem Tomatensud geben, alles gut miteinander vermengen.
- Dann in eine Auflaufform geben und bei 180 °C für ca. 45 Minuten in den Ofen schieben.
- Die Petersilie waschen, fein hacken und am Schluss über das fertige Essen streuen.

TIPP! Gigantes passen perfekt zu Meze mit verschiedensten Gerichten auf dem Tisch – sind aber auch als Hauptgericht mit zerbröckeltem Feta ein Gedicht!

METS

ELI-TIPP
IN METS GELANGT MAN ÜBER EINE TREPPE (GEGENÜBER DER TAVERNE VIRINIS) ÜBER DEN WUNDERSCHÖN BEPFLANZTEN ARDITTOS-HÜGEL BIS ZUM STADION. DER KLEINE AUFSTIEG LOHNT SICH, DENN DAS PANORAMA VON VIELEN AUSSICHTS-PLATTFORMEN IST UNGLAUBLICH. EINDEUTIG DER SCHÖNSTE PARK IN GANZ ATHEN! UND WER DANN IMMER NOCH NICHT GENUG VOM »GRÜN« MITTEN IN DER STADT HAT: DIREKT ANGRENZEND BEFINDET SICH DER WUNDERSCHÖNE NATIONALGARTEN.

STADION | LEOF. VASILEOS KONSTANTINOU | 11635 ATHEN
NATIONALGARTEN | LEOFOROS AMALIAS 1 | 10557 ATHEN

TO KRIFTO

ANNA-MARIA IST MITINHABERIN DES TO KRIFTO UND HAT FRANZÖSISCHE UND GRIECHISCHE WURZELN. DAS SPÜRT MAN AUCH SOFORT: DIE CAFÉ-BAR KÖNNTE IM PARISER VIERTEL MARAIS LIEGEN, PASST ABER PERFEKT IN DIESES ATHENER VIERTEL! WUNDERSCHÖN ZUM FRÜHSTÜCKEN UND ABSCHALTEN. BIS TIEF IN DER NACHT SITZT MAN HIER ZUSAMMEN IN DIESER KLEINEN BESCHAULICHEN SEITENSTRASSE.

EMPEDOKLEOUS 9–13 | 11536 ATHEN

COCKTAIL »SWEET VICTORIA«

für 1 Cocktail

ZUTATEN
80 g Erdbeeren
4 cl Wodka
3 cl Zuckersirup
3 cl Limettensaft
Eiswürfel
1 Orange für Scheiben und Zesten zum Dekorieren

ZUBEREITUNG
- Erdbeeren waschen, putzen, in Stücke schneiden und pürieren.
- Püree für etwa 3 Stunden in den Tiefkühler stellen.
- Das gefrorene Erdbeerpüree zusammen mit dem Wodka, dem Zuckersirup, dem Limettensaft und den Eiswürfeln einem Shaker schütteln.
- In ein vorgekühltes Glas geben – und mit einem Stück Orange und Orangenzeste garnieren!

KATERINA

EIN BESUCH BEI KATERINA HEISST: VOLL UND GANZ METS! DENN METS IST DIE HEIMAT UND DAS ZUHAUSE VON KATERINA UND IHRER FAMILIE. HIER LEBEN IHRE FREUNDE. UND NATÜRLICH DIE NACHBARN. DIE MITTLERWEILE AUCH IRGENDWIE ZUR FAMILIE GEHÖREN.
KATERINA IST ARCHITEKTIN. IHR FÜR DIESES VIERTEL TYPISCHES HAUS HAT SIE SELBST RENOVIERT UND UMGEBAUT. EINE »WOHLFÜHLOASE« MITTEN IM ATHENER ZENTRUM MIT EINEM WUNDERSCHÖNEN INNENHOF, VIEL GRÜN, HÄNGEMATTEN UND VOGELGEZWITSCHER.

SIE LIEBT ES, FÜR IHRE GÄSTE ZU KOCHEN. EGAL WIE VIELE DEN WEG HIERHER FINDEN, JEDER IST WILLKOMMEN.

MUSCHELN À LA KATERINA

für 4 Portionen

ZUTATEN
2 kg Miesmuscheln | 100 g Knollensellerie | 100 g Fenchel mit Fenchelgrün | 1 Chilischote | 1 kleine Möhre | 7 EL Olivenöl | 2 Zwiebeln, klein gewürfelt | 3 Knoblauchzehen, fein gehackt | ½ Bund glatte Petersilie, gehackt | 2 EL Tomatenmark | 300 ml Weißwein | 1 Nori-Algenblatt | Salz | frisch gemahlener schwarzer Pfeffer

ZUBEREITUNG

- Die Muscheln mithilfe einer Bürste gründlich waschen und reinigen. Mit einem Messer den Muschelbart entfernen. Nochmals ausspülen. Gut abtropfen lassen, dabei beschädigte oder geöffnete Muscheln aussortieren!
- Den Knollensellerie und den Fenchel waschen und in feine Streifen schneiden.
- Die Chilischote waschen, entkernen und in kleine Stücke schneiden.
- Die Möhre waschen und in feine Spalten schneiden.
- In einem großen Topf das Olivenöl erhitzen.
- Dann die Zwiebeln, den Knoblauch, die Möhre, Sellerie, den Fenchel mit Fenchelgrün und die Petersilie dazugeben. Kurz anschwitzen. Jetzt das Tomatenmark hinzufügen. Etwas anbraten lassen und mit dem Weißwein ablöschen und alles aufkochen lassen.
- Die vorbereiten Muscheln und das Nori-Algenblatt zugeben und im geschlossenen Topf ca. 12 Minuten bei mittlerer Hitze garen, bis sich die Muscheln geöffnet haben. Bei Bedarf noch etwas Wasser hinzufügen.
- Den Topf immer wieder vorsichtig rütteln, damit sich die Muscheln gleichmäßig öffnen können.
- Hier gilt jetzt: Alle Muscheln, die sich nicht geöffnet haben, aussortieren!
- Mit Salz und Pfeffer abschmecken. Und die Muscheln mit dem Sud in einer großen Schüssel anrichten!
- Vorsicht mit dem Salzen, da die Muscheln und die Algen schon salzig sind!
- Wer mag, kann noch frisch gehackte Petersilie darüberstreuen!

METS

ELI-TIPP

SEHR TYPISCH FÜR METS SIND AUCH DIE VIELEN MUSIK-CAFÉ-BARS. HIER IST MAN GANZ UNTER ATHENERN UND KANN DAS GRIECHISCHE LEBENS-GEFÜHL BEI GETRÄNKEN, ESSEN UND MUSIK GENIESSEN. DEN ALLTAG UND DAS LEBEN IN DIESER STADT FÜHLEN ...

HALF NOTE JAZZ CLUB | 17, TRIVONIANOU STR. | 11636 ATHEN
ODEON CAFÉ BAR | MARKOU MOUSOUROU 19 | 11636 ATHEN

EINE FAMILIÄR GEFÜHRTE TRADITIONSTAVERNE. EINFACHES, GRIECHISCHES ESSEN MIT EINEM SEHR GASTFREUNDLICHEN SERVICE UND DIREKT AN DER PLATEIA VARNAVA GELEGEN. TAGSÜBER SITZT DIE »PATRONIN«, DIE »JAJA« (OMA), AUF IHREM STUHL DIREKT VOR DEM LADEN UND GIBT ACHT, DASS ALLES LÄUFT. UND DAS IMMER MIT EINEM WARMEN LÄCHELN FÜR ALL IHRE GÄSTE.

I MIKRI VOULI | PLATEIA VARNAVA | 11635 ATHEN

KOUKAI

ELI-TIPP

DIE METRO-STATION SYNGROU FIX IST DER PERFEKTE STARTPUNKT FÜR EINEN ΣKOUKAKI-RUNDGANGΚ. WER NICHT ZU FUSS GEHEN WILL, KANN SICH EINES DER GÜNSTIGEN TAXIS NEHMEN.

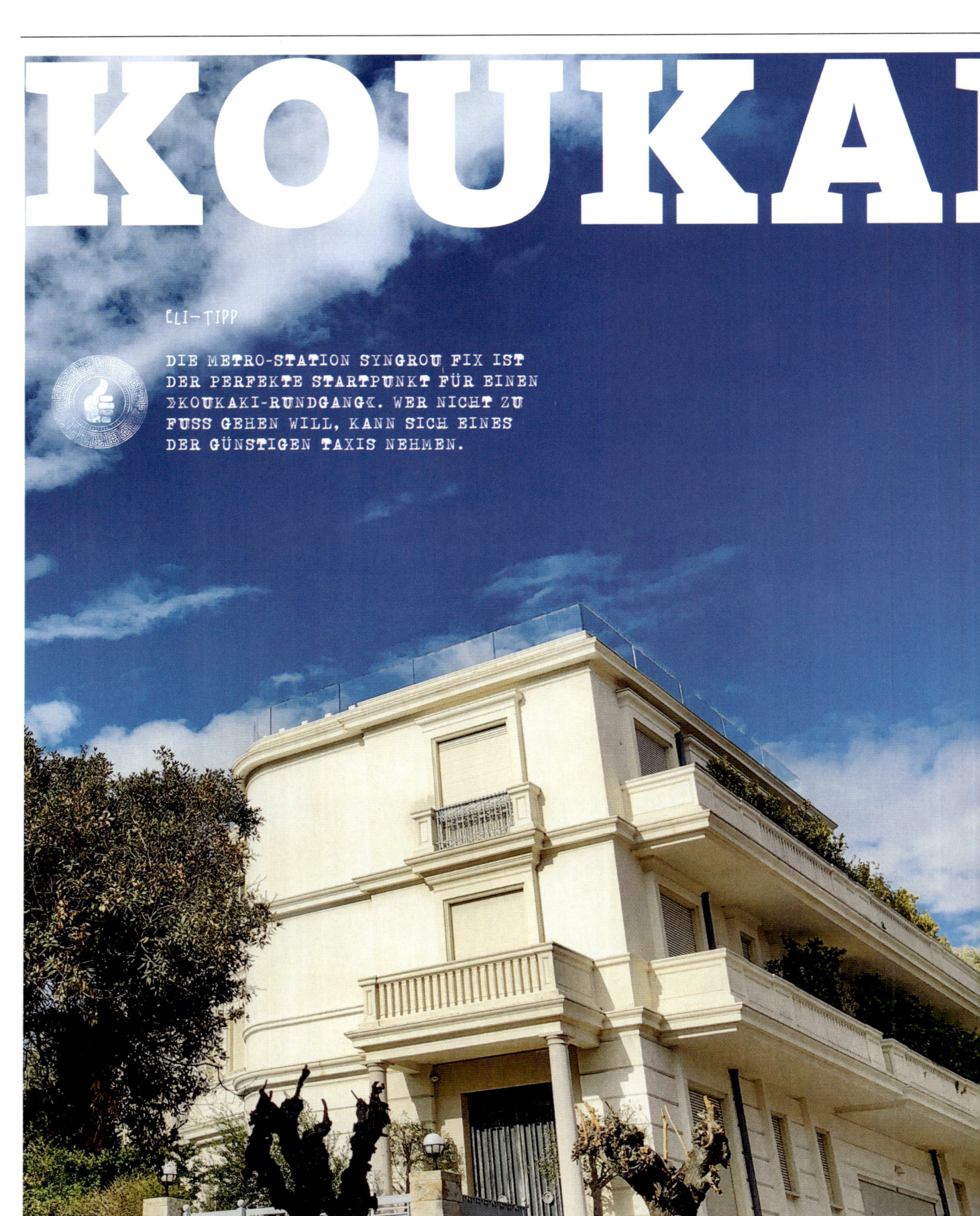

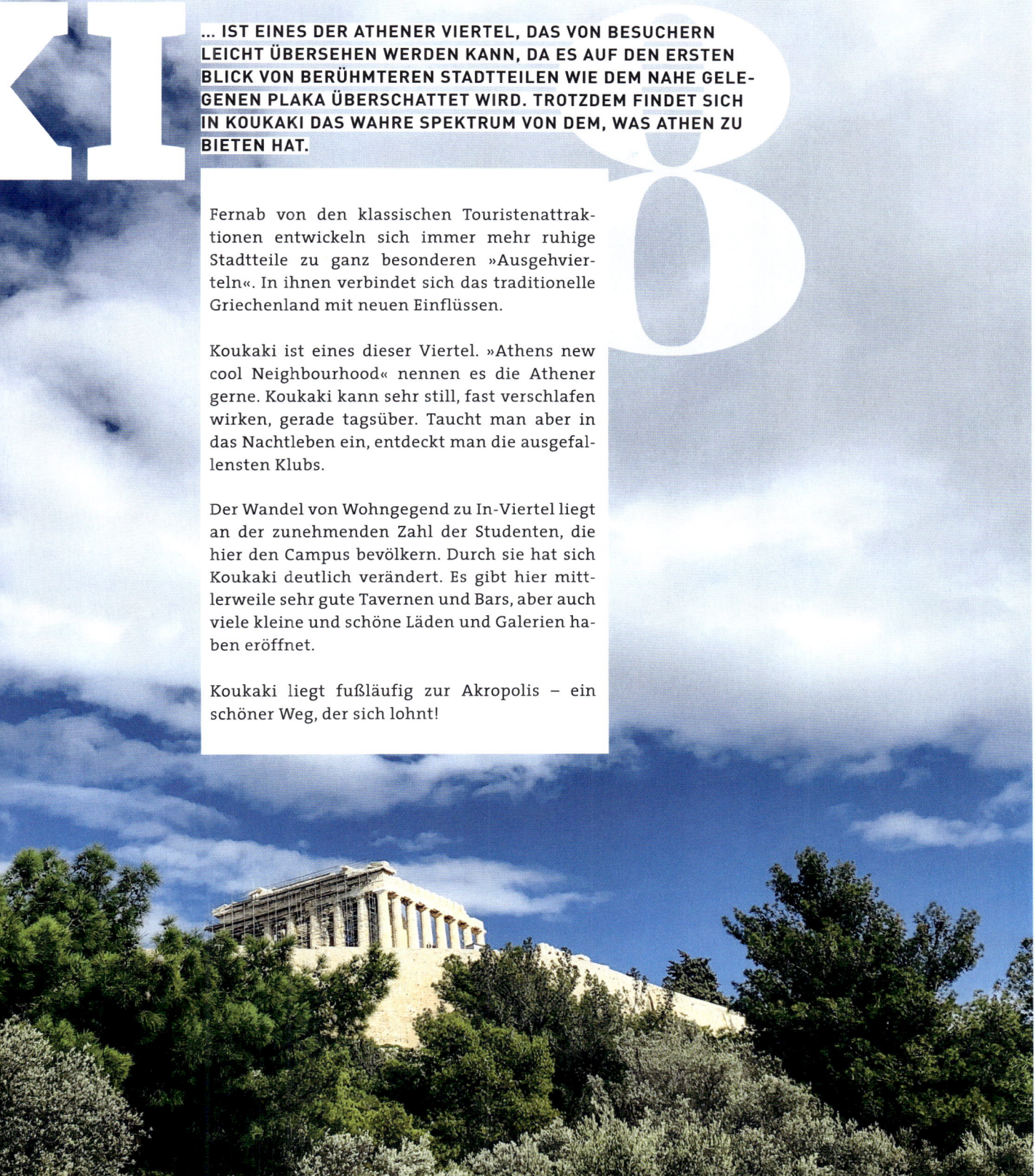

... IST EINES DER ATHENER VIERTEL, DAS VON BESUCHERN LEICHT ÜBERSEHEN WERDEN KANN, DA ES AUF DEN ERSTEN BLICK VON BERÜHMTEREN STADTTEILEN WIE DEM NAHE GELEGENEN PLAKA ÜBERSCHATTET WIRD. TROTZDEM FINDET SICH IN KOUKAKI DAS WAHRE SPEKTRUM VON DEM, WAS ATHEN ZU BIETEN HAT.

Fernab von den klassischen Touristenattraktionen entwickeln sich immer mehr ruhige Stadtteile zu ganz besonderen »Ausgehvierteln«. In ihnen verbindet sich das traditionelle Griechenland mit neuen Einflüssen.

Koukaki ist eines dieser Viertel. »Athens new cool Neighbourhood« nennen es die Athener gerne. Koukaki kann sehr still, fast verschlafen wirken, gerade tagsüber. Taucht man aber in das Nachtleben ein, entdeckt man die ausgefallensten Klubs.

Der Wandel von Wohngegend zu In-Viertel liegt an der zunehmenden Zahl der Studenten, die hier den Campus bevölkern. Durch sie hat sich Koukaki deutlich verändert. Es gibt hier mittlerweile sehr gute Tavernen und Bars, aber auch viele kleine und schöne Läden und Galerien haben eröffnet.

Koukaki liegt fußläufig zur Akropolis – ein schöner Weg, der sich lohnt!

KOUKAKI

KAFENIO:
URSPRÜNGLICH WAREN DIE KAFENIOS, DIE KAFFEEHÄUSER, NUR MÄNNERN VORBEHALTEN. SIE LAGEN IMMER AM ZENTRALSTEN PLATZ EINES VIERTELS ODER DORFES. HIER FAND SICH MEIST DAS EINZIGE TELEFON IM ORT UND DAS KAFENIO DIENTE ALS KLEINER TANTE-EMMA-LADEN MIT DEN WICHTIGSTEN DINGEN WIE BROT, KÄSE UND OLIVENÖL.

MAN SIEHT DIE ALTEN KAFFEEHÄUSER NACH WIE VOR AUCH IM HEUTIGEN ATHEN. UND NACH WIE VOR SITZEN DIE MENSCHEN HIER GEMEINSAM AM TISCH. BEI MEZE UND OUZO ODER BEI EINEM MOKKA WIRD TAVLI ODER SCHACH GESPIELT. ES IST TOLL, SICH IN EIN GANZ EINFACHES KAFENIO ZU SETZEN. FÜR MICH SIND DIES PLÄTZE ZUM »ATMEN«, RUNTERKOMMEN. DIESE ENTSCHLEUNIGUNG IST GERADE IN SO EINER WILDEN STADT WIE ATHEN IMMER WIEDER EIN GESCHENK.

PERIPTERO:
»PERIPTERO« BEDEUTET »RINGSUMFLÜGELT« UND IST EIGENTLICH EINE FORM DER ANTIKEN TEMPELBAUWEISE. IM GEGENSATZ ZU DEM NAMENSGEBENDEN TEMPEL, DER VON SÄULEN »UMFLÜGELT« WAR, SIEHT DER PERIPTERO, DER GRIECHISCHE KIOSK, DEUTLICH ANDERS AUS: EIN KLEINES HÄUSCHEN MITTEN AUF DEM BÜRGERSTEIG, UMRINGT VON ALLEM, WAS MAN IM ALLTAG BENÖTIGT. MILCH, KAFFEE, ZIGARETTEN, ZEITUNGEN, KONDOME, BATTERIEN, BIER. VIELE HABEN DURCHGEHEND GEÖFFNET UND SIND IM GRUNDE EIN KLEINES »KULTURERBE« GRIECHENLANDS. ABER EIN PERIPTERO IST MEHR ALS EIN KIOSK. HIER WIRD NICHT NUR VERKAUFT, SONDERN DIE KLEINEN HÄUSCHEN DIENEN AUCH ALS SOZIALER TREFFPUNKT DES VIERTELS. MAN STEHT ZUSAMMEN DAVOR UND DISKUTIERT, AM LIEBSTEN ÜBER POLITIK!

ELI-TIPP

IN KOUKAKI GIBT ES AUCH
WUNDERSCHÖNE KLEINE
LÄDEN – VIELE DAVON MIT
HANDGEMACHTEN, SCHÖNEN
DINGEN VON GRIECHISCHEN
DESIGNERN!

KOUKAKI

FABRICA TOU EFROSINOU

HIER ERINNERT WIRKLICH NICHTS AN DIE KLASSISCHEN GRIECHENLAND-KLISCHEES. DAS IST DEM BETREIBERPAAR ATHINA UND GIORGOS ZU VERDANKEN. ATHINA IST SOMMELIÈRE UND WEINHÄNDLERIN. IHR MANN GIORGOS IST GELERNTER KOCH. GUTES ESSEN UND KUNST SIND SEINE PASSION.

ANASTASIOU ZINNI 34 | 11741 ATHEN

ATHINA & GIORGOS

AUS EINER ALTEN, HERUNTERGEKOMMENEN LAGERHALLE IN KOUKAKI HABEN ATHINA UND GIORGOS EIN JUWEL GESCHAFFEN. HIER PASST EINFACH ALLES. VON DER EINRICHTUNG ÜBER DEN SERVICE BIS HIN ZU WEIN UND ESSEN. DIE SPEISEKARTE ORIENTIERT SICH AN FRISCHEN, REGIONAL VERFÜGBAREN BIOPRODUKTEN. GIORGOS LÄSST ES SICH NICHT NEHMEN, SELBST AUF DEN MARKT ZU GEHEN, SICH INSPIRIEREN ZU LASSEN UND MIT ALL DEM, WAS DIE SAISON GERADE ZU BIETEN HAT, WIEDER GANZ NEUE REZEPTE ZU KREIEREN. DIE INSPIRATIONEN HOLEN SICH DIE BEIDEN AUF IHREN VIELEN REISEN.

DENN DAS REISEN IST NEBEN WEIN UND ESSEN EINE WEITERE LEIDENSCHAFT DER BEIDEN: VERSCHIEDENE KULTUREN KENNENZULERNEN, DIE MENSCHEN, DEREN BRÄUCHE UND DAS LANDESTYPISCHE ESSEN.

SO IST AUS EINER ALTEN FABRIKHALLE EIN TREFFPUNKT FÜR DIE MENSCHEN IM VIERTEL ENTSTANDEN, ÜBER DEN SICH DER NAMENSGEBER EFROSINOS, DER SCHUTZHEILIGE DER KÖCHE, FREUT UND SEINE SCHÜTZENDE HAND DARÜBERHÄLT. HERZLICH WILLKOMMEN IM FABRICA TOU EFROSINOU!

KOUKAKI

GEFÜLLTE WEINBLÄTTER MIT LAMM

für 6 Portionen

ZUTATEN

450 g in Salzlake eingelegte Weinblätter
1 Zwiebel
1 Knoblauchzehe
6 EL Pinienkerne
4 EL Olivenöl
2 EL Butter
150 g Carolina-Reis (Langkornreis)
½ Bund Petersilie, fein gehackt
1 TL getrocknete Minze

200 g Lammhack
Salz
frisch gemahlener schwarzer Pfeffer
1 Bio-Zitrone

ZUM ANRICHTEN

Olivenöl, Zitronensaft, Joghurt, Paprikapulver

»Dolmades me Arni«

ZUBEREITUNG

- Weinblätter ca. 30 Minuten in kaltes Wasser legen, dabei das Wasser immer wieder erneuern. Dann noch mal kurz mit heißem Wasser bedecken. Das Wasser gründlich abseihen. Stiele der Weinblätter entfernen.
- Zwiebel und Knoblauch schälen und fein würfeln.
- Pinienkerne in einer Pfanne ohne Fett leicht anrösten – Vorsicht! Sie werden sehr schnell dunkel!
- Einen Topf mit dem Olivenöl und der Butter erhitzen. Darin Zwiebel und Knoblauch kurz anbraten. Dann den Reis, die Petersilie, die Minze und die Pinienkerne hinzugeben. Unter Rühren kurz köcheln lassen, vom Herd nehmen. Das Ganze jetzt gründlich mit dem Lammhack vermengen. Mit Salz und Pfeffer würzen.
- Ein Weinblatt mit der glatten Seite (Spitze nach oben gerichtet) auf ein Brett legen und mittig mit je ca. 1 Esslöffel Reis-Hack-Füllung belegen. Von unten und den Seiten umschlagen und fest zusammenrollen. So die restlichen Weinblätter füllen und rollen.
- Dabei ein paar Weinblätter zur Seite legen.
- Einige Schichten Weinblätter auf den Boden eines Topfes auslegen und darauf die gefüllten Weinblätter legen. Jetzt mit so viel kaltem Wasser aufgießen, bis sie gerade bedeckt sind. Die Zitrone in Scheiben schneiden und gleichmäßig darauf verteilen. Mit einem Teller beschweren, damit die Weinblätter beim Kochen nicht aufgehen.
- Das Ganze nun zum Kochen bringen, dann im Topf mit Deckel auf mittlerer Hitze etwa 1 Stunde köcheln lassen.
- So lange köcheln lassen, bis der Reis gar ist. Dabei eventuell noch etwas Wasser nachgießen, wenn die Flüssigkeit ganz verdampft ist!
- Die Weinblätter auf Teller oder einer großen Platte anrichten – und ganz nach Geschmack mit Olivenöl beträufeln – und Zitronensaft.
- Perfekt passt dazu Joghurt! Und wer mag, kann noch etwas Paprikapulver darüberstreuen.

TIPP! Vorsichtig mit dem Salzen! Da die Weinblätter in Salzlake eingelegt waren ist schon viel Salz vorhanden.

ZUCCHINISALAT

»Kolokithosalata«

für 4 Portionen

ZUTATEN 1 kg Zucchini | 50 ml Tomatensaft | 150 g Nüsse nach Geschmack, im Mörser ganz fein zerstoßen | 3 EL Zitronensaft, frisch gepresst | 200 g Tsalafouti*
DRESSING 1 EL Honig | 1 EL Weinessig | 8 EL Olivenöl
Meersalz, frisch gemahlener schwarzer Pfeffer | 1 EL Thymian, fein gehackt
ZUM ANRICHTEN etwas Olivenöl | ein paar Zweige Thymian

ZUBEREITUNG

- Die Zucchini in mundgerechte »Stäbchen« schneiden. Den Tomatensaft und die Nüsse dazugeben und gründlich miteinander vermengen. Mit dem Zitronensaft vermischen.
- Für das Dressing in einer kleinen Schüssel den Honig und den Weinessig verrühren – dann erst langsam das Olivenöl unter Rühren zugeben.
- Mit Salz und Pfeffer abschmecken. Den Thymian unterrühren.
- Das Dressing auf die Zucchini gießen und alles gut miteinander vermischen.
- An einem kühlen Ort 15–30 Minuten durchziehen lassen. Dann erst anrichten.
- Entweder in 4 Portionen aufteilen – oder in einer großen Schale anrichten. Darauf den Tsalafouti-Käse geben, mit etwas Olivenöl beträufeln und ein paar Zweigen Thymian garnieren.

* Tsalafouti ist ein weicher, cremiger Käse mit einem einzigartigen Geschmack, der ausschließlich aus Schafs- und Ziegenmilch hergestellt wird. Er hat ein leicht säuerliches Aroma – wie eine Kombination aus Joghurt und Sahne. Eignet sich hervorragend für Dips – oder einfach auch mit Pasta mischen!

KAROTTENSALAT

»Karotosalata«

für 4 Portionen

ZUTATEN
600 g Karotten | 1 Apfel | 3 EL Zitronensaft, frisch gepresst | 150 g Nüsse, im Mörser zerstoßen (Walnüsse, Haselnüsse ... ganz nach Geschmack) | 2 EL glatte Persilie, fein geschnitten | 1 EL Honig | 3 EL Orangensaft, frisch gepresst | 1 EL Weinessig | 8 EL Olivenöl | Meersalz | frisch gemahlener schwarzer Pfeffer

ZUBEREITUNG

- Zuerst die Karotten und den Apfel schälen, danach auf einer Reibe grob raspeln. Beides mit dem Zitronensaft vermengen. Die gehackten Nüsse und die Petersilie untermischen.
- Für das Dressing in einer kleinen Schüssel Honig, Orangensaft und den Weinessig verrühren – dann erst langsam das Olivenöl unter Rühren hinzugießen.
- Mit Salz und Pfeffer abschmecken.
- Die Salatmarinade über die Karotten-Apfel-Nuss-Mischung geben und den Karottensalat gut mit dem Dressing vermengen.
- Den Karottensalat abdecken und im Kühlschrank etwa eine halbe Stunde durchziehen lassen, dann wird er erst richtig saftig. Vor dem Servieren nochmals abschmecken.

ICLI KÖFTE – GEFÜLLTE BULGURBÄLLCHEN

»Icli Köfte«

für 4–6 Portionen

FÜLLUNG 60 g Butter | 250 Rinderhack | 1 Zwiebel, fein gewürfelt | Salz | frisch gemahlener schwarzer Pfeffer | ½ TL Schwarzkümmel | ½ TL Pul Biber | ½ EL Tomatenmark
KRUSTE 200 g Bulgur, fein | 1 TL Tomatenmark | ½ EL Paprikamark | 1 Bio-Ei | 125 g Rinderhack | 1 EL Mehl | Salz | frisch gemahlener schwarzer Pfeffer
ZUM KOCHEN Saft von 1 Zitrone | Salz | Butter zum Braten
ZUM ANRICHTEN NACH GESCHMACK Hummus oder griechischer Joghurt | Salat

ZUBEREITUNG

- Zuerst den Bulger in einen Topf geben – mit so viel heißem Wasser übergießen, dass er gerade gut bedeckt ist. Mit dem Deckel ca. 15 Minuten ziehen lassen, bis er das gesamte Wasser aufgenommen hat.
- Für die Füllung die Butter in einer Pfanne erhitzen. Das Rinderhack hineingeben und anschwitzen. Die Zwiebelwürfel hinzufügen. Mit Salz und Pfeffer abschmecken. Den Schwarzkümmel und den Pul Biber dazugeben. Alles gut miteinander vermengen und für ein paar Minuten braten, bis das Fleisch etwas Farbe bekommt. Dann das Tomatenmark hinzufügen, verrühren.
- Für die Kruste den Bulgur in eine große Schüssel geben. Die übrigen Zutaten für die Füllung dazugeben – alles gut miteinander vermengen.
- Das Kneten dauert 10–15 Minuten, bis man die gewünschte Konsistenz erreicht hat! Es sollte schön fest sein, aber dennoch weich genug zum Verarbeiten.
- Aus dem Teig ovalförmige »Frikadellen« formen. Dann je eine in die Hand nehmen und mithilfe des Fingers in die Mitte eine Mulde drücken, ohne dabei die Seiten zu beschädigen!
- Mit den Händen etwas von der Füllung vorsichtig hineindrücken und mit dem Teig umschließen, sodass die Füllung beim Kochen nicht hinaustreten kann.
- Die Icli für 5 Minuten stehen lassen.
- Einen großen Topf mit Wasser zum Kochen bringen. Den Zitronensaft und das Salz hineingeben. Dann die Icli darin kochen. Vorsichtig! nicht zu viele auf einmal hineingeben – lieber in mehreren Schritten kochen!
- Die Temperatur runterstellen, das Wasser sollte nicht mehr kochen, sondern sieden. Die Icli darin ca. 8 Minuten köcheln lassen, bis sie an die Oberfläche kommen.
- Mit einer Schaumkelle herausnehmen. So verfahren, bis alle gekocht sind.
- Butter in einer großen Pfanne erhitzen – die Icli darin für ein paar Minuten anbraten, bis sie eine schöne gleichmäßig-goldene Farbe bekommen!
- Auf einem Teller anrichten – ganz nach Geschmack mit Hummus oder Joghurt! Ein frischer Salat passt perfekt dazu!
- Die Icli Köfte schmecken auch kalt hervorragend!

KOUKAKI

AM WOCHENENDE GIBT ES IN DIESEM SEHR SCHÖNEN CAFÉ EINEN LECKEREN UND REICHHALTIGEN »WEEKEND-BRUNCH«.

MONSIEUR BARBU | FALIROU 59 | 11742 ATHEN

PERFEKTES FRÜHSTÜCK: HAUSGEMACHTE BUTTER UND MARMELADE, EIER AUS DEM DORF! ABER AUCH DIE MEZE ZU EINEM GLAS WEIN SIND NICHT ZU VERACHTEN. EGAL WANN, HIER IST ES EINFACH SCHÖN.

VANILLA BISTRO | VEIKOU 40 | 11742 ATHEN

DIREKT GEGENÜBER DES BISTROS VANILLA KANN MAN DIE FARBENPRÄCHTIGEN AUSLAGEN DES OPORIO BESTAUNEN. TOLLES BIO-OBST UND -GEMÜSE, ABER AUCH WUNDERBARE BIO-TEIGWAREN, SNACKS UND TOLLE FRISCH GEPRESSTE SMOOTHIES KANN MAN HIER KAUFEN.

OPORIO | ERECHTHIOU 1 | 11742 ATHEN

ETWAS VERSTECKT INMITTEN EINER KLEINEN GRÜNANLAGE LIEGT DAS KLEINE BUCH-CAFÉ. EINE OASE DER RUHE. HIER GIBT ES PERFEKTEN KAFFEE UND MAN SOLLTE UNBEDINGT DIE LIMETTENTARTE KOSTEN! ABER AUCH SONST SIND DIE SPEISEN – VIELE AUCH VEGETARISCH – MIT VIEL LIEBE GEKOCHT UND SCHMECKEN TOLL. UND LESEN KANN MAN NATÜRLICH AUCH …

LITTLE TREE BOOKS AND COFFEE | KAVALLOTI 2 | 11742 ATHEN

CITRUS-TARTE
»Tarta esperidoeidon«

für 1 große Tarteform oder 6 Tartelette-Formen

TEIG 1 Vanilleschote | 1 Eigelb | 2 EL kaltes Wasser | 250 g Mehl | 100 g Zucker | 1 Prise Salz | 150 g weiche Butter + etwas zum Einfetten
ZITRONENCREME 50 g Speisestärke | 500 ml Milch | 60 g Zucker 1 Eigelb | 1 Prise Salz | 1 Bio-Zitrone, Saft und Schale fein gerieben | 1 Bio-Limette, Saft und Schale fein gerieben
ZUM ANRICHTEN Puderzucker zum Bestäuben | Minze zum Garnieren

TEIG
- Die Vanilleschote auskratzen und mit dem Eigelb und dem Wasser vermischen.
- In einer Schüssel das Mehl hineinsieben. Zucker, Salz und Butter hinzufügen und alles kneten, bis ein gleichmäßiger Teig entsteht.
- Dann die Ei-Vanille-Mischung hinzufügen und alles gut durchkneten.
- Zu einer Kugel formen, in Folie wickeln und 1 Stunde in den Kühlschrank legen.
- Den Teig auf einer bemehlten Arbeitsfläche ausrollen. Eine Tarteform oder mehrere kleinere mit Butter einfetten. Den Teig hineinlegen, sodass sich ein Rand von ca. 2 Zentimeter ergibt. Das Ganze dann für 15 Minuten in die Gefriertruhe legen.
- Dann im Backofen bei 190 °C ca. 20 Minuten backen, bis der Teig goldbraun ist.
- Abkühlen lassen.

CREME
- Die Stärke mit 7 Esslöffeln Milch und dem Zucker glatt rühren. Das Eigelb unter die Mischung rühren.
- Die restliche Milch in einen Topf geben und aufkochen lassen.
- Die Speisestärke-Mischung und 1 Prise Salz unter die heiße Milch rühren. Kurz aufkochen lassen und den Zitronen- und Limettensaft hineingießen. Alles gründlich vermischen. Topf vom Herd nehmen und abkühlen lassen.
- Die Creme gleichmäßig auf den Boden verteilen. Mit dem Puderzucker bestäuben – und mit Minze, Zitronen- und Limettenschale garnieren.

PAN GRA

FÜR VIELE ATHENER IST PANGRATI »THE AUTHENTIC ATHENS«. DAS VIERTEL LIEGT ZENTRAL, STEHT ABER DOCH GANZ FÜR SICH. DIE ATMOSPHÄRE ERINNERT AN EINEN VORORT.

Pangrati war ein Einwandererviertel. Es war aber auch von jeher beliebt bei Dichtern, Malern und vor allem Musikern und Komponisten. Maria Callas, die berühmte Sopranistin, hat zum Beispiel hier am Konservatorium studiert. Manos Hadjidakis, einer der bekanntesten Komponisten Griechenlands, lebte hier. Er führte den Rembetiko und die dafür maßgebliche Bouzouki in die zeitgenössische Musik ein.

Pangrati hat viel für die Kunstszene Griechenlands getan und zu Recht einen Ruf als Künstlerviertel.

 ELI-TIPP

OBWOHL DER MITTELPUNKT DIESES VIERTELS DAS BEKANNTE PANATHINAIKO-STADION IST, SIEHT MAN HIER ERSTAUNLICH WENIGE TOURISTEN. DAS LIEGT WAHRSCHEINLICH DARAN, DASS ES ETWAS GEDULD UND ZEIT BRAUCHT, UM PANGRATI ZU ENTDECKEN. MAN SOLLTE SICH AUF DAS TEMPO DES VIERTELS EINLASSEN, HIER IST ALLES ETWAS LANGSAMER UND STILLER.

PANGRATI

PENNY BALTATZI

PENNY LEBT FÜR IHRE MUSIK. FÜR IHRE SONGS, IHRE TEXTE UND KOMPOSITIONEN. DAS LEBEN IST FÜR PENNY BUNT. MIT VIELEN UNTERSCHIEDLICHEN FACETTEN. SIE STRAHLT UNGLAUBLICHE LEBENSFREUDE UND WÄRME AUS, DIE MAN IN IHRER MUSIK SPÜRT.
IHRE KONZERTE FÜLLEN MITTLERWEILE DIE GRÖSSTEN HALLEN GRIECHENLANDS. GENAUSO WIE GROSSE KONZERTSÄLE LIEBT SIE ABER PERSÖNLICHE »UNPLUGGED«-KONZERTE IM FAMILIÄREN KREIS.
UND WENN SIE AUF EINER DACHTERRASSE — MIT BLICK AUF DIE STADT UND DEN HIMMEL — EINEN IHRER SONGS SINGT, DANN STRAHLT SIE DABEI SO, ALS WÄRE SIE GERADE DER GLÜCKLICHSTE MENSCH DER WELT.
NEBEN DER MUSIK LIEBT SIE DAS KOCHEN UND BACKEN. BEIDES HAT SIE VON IHRER OMA GELERNT. GERNE SCHAUT MAN IHR DABEI ZU, WIE SIE IN IHRER KÜCHE STEHT UND KOCHT ODER AUF DER TERRASSE DIE ÄPFEL FÜR EINEN KUCHEN SCHÄLT. IHR PAPAGEI IST DABEI IMMER IN IHRER NÄHE. UND WENN BEIDE DANN GEMEINSAM — JA WIRKLICH, GEMEINSAM — EINEN IHRER LIEBLINGSSONGS SINGEN, DANN IST DAS »DIE FABELHAFTE WELT DER PENNY«.

PANGRATI

WAS MACHST DU AM LIEBSTEN IN DIESER STADT?
ICH LIEBE ES, IM SOMMER DURCH DIE PLAKA ZU LAUFEN, MIR EIN BIER VON EINEM PERIPTERO (KIOSK) ZU HOLEN UND DURCH DIE GÄSSCHEN ZU SCHLENDERN …

EIN LIEBLINGSESSEN?
GEFÜLLTE ZUCCHINI MIT REIS — UND GANZ VIEL MINZE. ICH LIEBE MINZE. DIESER DUFT ERINNERT MICH IMMER AN MEINE GELIEBTE GROSSMUTTER, VON DER ICH AUCH DAS KOCHEN GELERNT HABE.

DEIN »LEBENSMOTTO«?
»FINDE IMMER DAS LÄCHELN IN DIR!«

ATHEN IN EINEM SATZ?
»ATHEN IST EINE VERFÜHRERIN…«

PENNYS APFELKUCHEN

für 1 Springform, Ø 26 cm

TEIG 125 g kalte Butter | 100 g Zucker | 1 Ei | 200 g Mehl | 1 Prise Salz
FÜLLUNG 500 g rote Äpfel | 500 g grüne Äpfel | 3 EL Zitronensaft | 80 g Zucker | 2 TL Zimt
STREUSEL 50 g Mehl | 50 g Mandelblättchen | 100 g Zucker | 100 g kalte Butter

ZUBEREITUNG

- Zuerst den Teig herstellen. Dazu die kalte Butter in Stücke schneiden, mit dem Zucker und dem Ei mit dem Knethaken des Handrührgerätes vermengen.
- Das Mehl und 1 Prise Salz dazugeben und schnell zu einem glatten Teig verarbeiten.
- Den Teig mit den Händen zu einer Kugel formen, in Folie wickeln und für ca. 30 Minuten in den Kühlschrank stellen.
- In der Zwischenzeit die Äpfel schälen und grob raspeln. Mit dem Zitronensaft übergießen, Zucker und Zimt hinzufügen und alles gründlich miteinander vermengen.
- Jetzt die Streusel zubereiten. Dazu das Mehl in einer Schüssel mit den Mandelblättchen und dem Zucker vermischen. Butter zugeben und einarbeiten, bis der Teig zu groben Krümeln wird.
- Eine Arbeitsplatte mit Mehl bestäuben. Den Teig aus dem Kühlschrank holen und darauf ausrollen – er sollte so groß werden, dass er bis zu den Rändern der Springform geht.
- Dann die Springform gut einfetten und den ausgewälzten Teig hineinlegen.
- Die Füllung darauf verteilen.
- Dann die Streusel gleichmäßig über die Apfelmischung streuen.
- In den Ofen geben und bei 180 °C 30–40 Minuten goldbraun backen.

MAVRO PROWATO

DAS MAVRO PROWATO, DAS »SCHWARZE SCHAF«, IST EINE SEHR STILVOLLE, REDUZIERT EINGERICHTETE LOCATION MIT HERVORRAGENDEM ESSEN UND AUTHENTISCHEM FLAIR.

ES GIBT KAUM EINEN ATHENER, DER HIER NICHT GERNE ISST! OFT STEHEN DIE MENSCHEN SCHLANGE, UM EINEN TISCH ZU ERGATTERN. RESERVIEREN IST DESHALB SEHR EMPFEHLENSWERT! DIE KARTE IST ÜBERSCHAUBAR UND WECHSELT STÄNDIG. BEI DER BESTELLUNG LOHNT ES SICH, NEUGIERIG ZU SEIN UND SICH VON DEN AUSGEFALLENEN KREATIONEN ÜBERRASCHEN ZU LASSEN.

ARRIANOU 31 | 11635 ATHEN

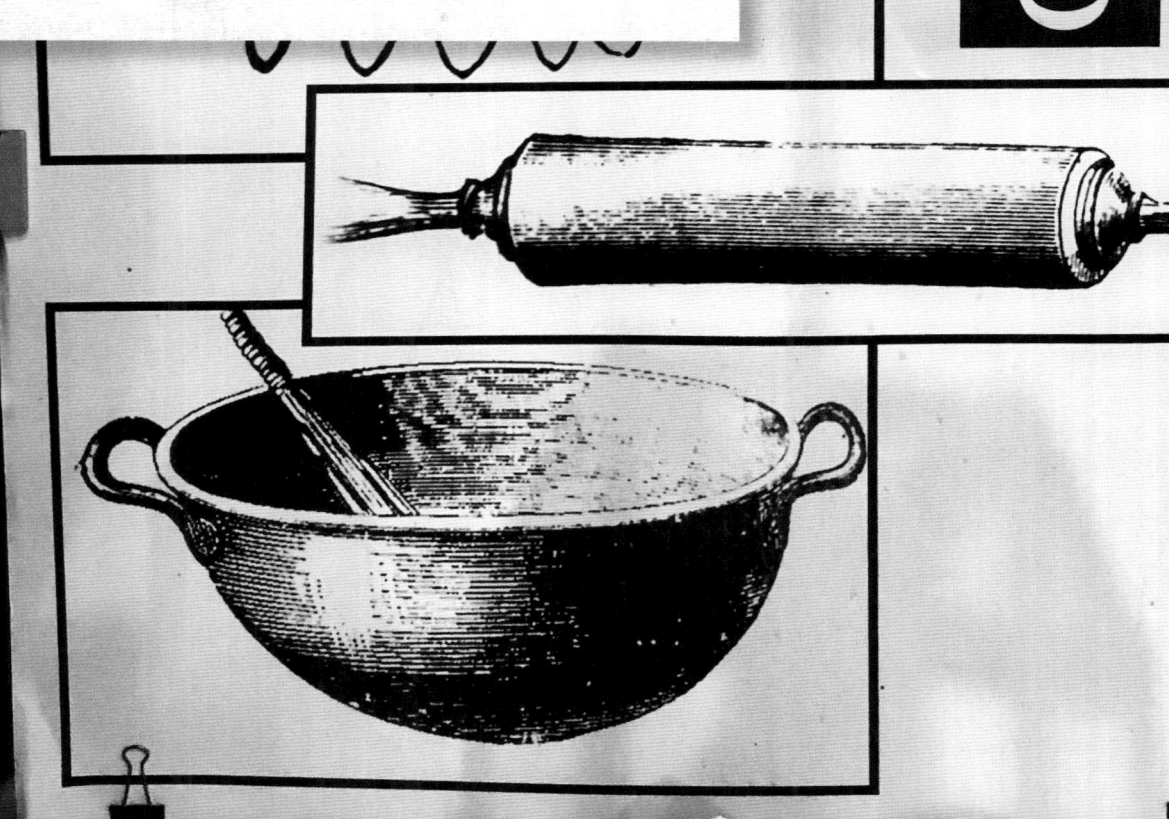

TOMATENSALSA

für 4 Portionen

ZUTATEN
1 Knoblauchzehe
1 Schalotte
4 Tomaten
6 EL Olivenöl
1 TL Paprikamark
3 EL Ouzo
1 TL Honig
Salz
2 EL glatte Petersilie, fein gehackt

ZUBEREITUNG
- Die Knoblauchzehe und die Schalotte schälen und in feine Würfel schneiden.
- Die Tomaten waschen und in Würfel schneiden.
- Einen Topf mit dem Olivenöl erhitzen, die Schalottenwürfel darin andünsten – dann das Paprikamark hinzugeben und kurz mitdünsten. Mit dem Ouzo ablöschen. Die Tomatenstücke und den Honig hineingeben und mit Salz würzen.
- Gute 10 Minuten bei kleiner Flamme köcheln lassen. Zum Schluss noch die gehackte Petersilie hineingeben.

TIPP! Eine tolle Vorspeise – oder als kleiner Snack zwischendurch: mit gerösteten Brotscheiben und einem Ouzo oder Tsipouro! Wer mag, kann noch eine kleine geschnittene Chilischote dazugeben.

PANGRATI

FRATER & SOROR

… HAT EINEN UNVERWECHSELBAREN STIL:
DECKEN, BODEN UND WÄNDE AUS RAUEM BETON,
DIE BAR POLIERTER MARMOR, ANSONSTEN VIEL HOLZ.
UND JA, OBWOHL MAN ES ALS »SZENELADEN« BEZEICHNEN
WÜRDE, HIER IST NICHTS OBERFLÄCHLICH. ES HERRSCHT
EINE FAMILIÄRE ATMOSPHÄRE. »BRÜDER UND
SCHWESTERN« – DER NAME IST PROGRAMM.
DAS ESSEN UND DIE EXZELLENTEN DRINKS SIND SEHR
ZU EMPFEHLEN. BESONDERE AUFMERKSAMKEIT VERDIENT
DIE GROSSE AUSWAHL AN UNTERSCHIEDLICHSTEN GINS
UND TONIC WATERS. DER SLOGAN DES FRATER & SOROR:
»THERE IS ALWAYS TIME FOR FINE GIN & FANCY FOOD.«

AMINTA 6 | 11635 ATHEN

»Krouasan me krema vanilias kai saltsa aktinidou«

CROISSANT MIT VANILLECREME UND KIWISAUCE

für 4–6 Croissants

ZUTATEN
350 ml Milch
1 Päckchen Puddingpulver »Vanille-Geschmack«
40 g Zucker
120 g Schlagsahne
4–6 Croissants
Puderzucker zum Bestäuben
nach Geschmack: frisches und getrocknetes Obst,
Schokoraspel zum Garnieren

KIWISAUCE
3 Kiwi
3 EL Honig
2 EL Limettensaft

ZUBEREITUNG
- Für die Vanillecreme zunächst 50 Milliliter Milch, Puddingpulver und Zucker verrühren. 300 Milliliter Milch aufkochen und das angerührte Puddingpulver unter Rühren hineingießen, kurz köcheln lassen.
- Pudding in eine Schüssel geben, mit Folie abdecken und für mindestens 2 Stunden kalt stellen.
- In der Zwischenzeit die Kiwisauce zubereiten. Dazu die Kiwis schälen und in Stücke schneiden. Honig und Limettensaft dazugeben und mit dem Stabmixer pürieren. Nach Geschmack noch durch ein Sieb geben – je nachdem, ob man die Soße mit oder ohne Kerne mag!
- Den erkalteten Pudding glatt rühren. Sahne steif schlagen und vorsichtig unter den Pudding heben.
- Die Croissants aufschneiden, mit dem Pudding füllen. Einen Teller mit etwas Kiwisauce beträufeln, das Croissant daraufgeben, mit dem Puderzucker bestäuben und ganz nach Geschmack garnieren!
- Den Rest der Vanillecreme und der Kiwisauce dazu reichen.

Piräus und Kifisia, Methana, Vouliagmeni, Animos, SERIFOS

Für die Bewohner hört Athen nicht an der Stadtgrenze auf. Sie zählen die vielen Inseln, Halbinseln und Küstendörfer mit zu ihrer Heimatstadt. Denn viele Athener kommen am Wochenende ins Athener Umland, um sich zu erholen und die freie Zeit außerhalb der Stadt mit Familie und Freunden zu verbringen. Gerade im Sommer, wenn die Stadt unter einer Hitzeglocke gefangen ist und der Alltag beschwerlich wird, ist jede kühle Brise in den Bergen oder am Meer willkommen.

Man muss nicht weit fahren, um einen schönen Fleck am Strand zu finden. Wem das noch nicht reicht, der nimmt einfach eine der vielen Fähren und setzt auf eine der umliegenden Inseln über. Oder fährt aufs Land oder in die Berge: idyllisches Dorfleben, Natur, Schafe. Das Athener Umland ist ein Geschenk!

Piräus, Athens Hafen und Griechenlands Tor zur Welt, hat den größten Passagierhafen Europas und ist der drittgrößte Containerhafen der Welt.

Die Gegend um den Hafen ist nicht im eigentlichen Sinn schön. Aber zwischen den verlassen wirkenden, morbiden Gebäuden finden sich kleine Tavernen und Bars, die einen in eine andere Welt entführen.

Neben dem Haupthafen liegt der viel kleinere Fischerei- und Jachthafen Zea Marina, ein beliebter Ort für einen entspannten Abendspaziergang. Hier geht es beschaulich zu. Luxusjachten liegen vor Anker, es gibt zahlreiche gute Fischrestaurants und Cafés direkt am Wasser mit Blick auf den Saronischen Golf.

Piräus

PIRÄUS

INO

Piräus ist mittlerweile zur Heimat vieler Künstler geworden. Auch INO, einer der bedeutendsten Street Artists weltweit, lebt hier. Als Künstler ist er auf der ganzen Welt aktiv. Er verwirklicht seine Ideen dort, wo er den Raum dafür bekommt. Aber seine Homebase ist und bleibt Athen. Genauer gesagt: Piräus. Hier ist er geboren und dieser Ort erdet ihn, wenn er von seinen Trips aus der Welt zurückkehrt.

INO gibt keine Interviews und es existieren keine Fotos von ihm. Seine Kunst soll im Mittelpunkt stehen, nicht er als Person. Diese Anonymität macht ihn frei. Im normalen Leben ist er nicht der bekannte, angesehene Künstler INO, sondern einfach nur Mensch. Obwohl er nicht viel von Politik hält, regen seine Kunstwerke durchaus auch im politischen Sinne zum Nachdenken an. Kunst ist für ihn stets ein Blick hinter den Vorhang, unter die Oberfläche.

Ein Trip durch Piräus ist etwas ganz Besonderes: Durch verwinkelte Gassen, vorbei an INOs gigantischen Kunstwerken ...

GEORGE PERRIS

George lebt in New York. Und in Athen. Er ist Grieche. Und Franzose. Ein »Weltmensch«, wie er sich selbst bezeichnet. Ein »Kosmopolit« im wahrsten Sinne des Wortes. Seine Mutter ist Französin, sein Vater Grieche. Gelebt hat er schon an vielen Orten auf der Welt. Für ihn war es selbstverständlich, mit verschiedenen Sprachen und Kulturen aufzuwachsen. Was er aber nie vergessen hat, bei all seinen Reisen und bunten Lebensphasen: seine geliebte Athina.

Die ersten Dinge, die er macht, wenn er wieder in der Stadt ist: auf die Akropolis gehen. Und einen frisch aufgebrühten griechischen Mokka trinken!

WAS LIEBST DU SO SEHR AN ATHEN?
Athen ist eine Stadt, die durch einige Krisen, Kriege, Diktaturen und Unruhen gelitten hat. Es gibt jedoch eine unglaubliche Schönheit und Energie, die sich in den Tiefen dieser Stadt befindet. Ich gehe gerne auf der Akropolis und im Odeon des Herodes Atticus spazieren. Genau hier hatte ich auch einen meiner emotionalsten Auftritte.

WAS IST DEIN GRIECHISCHES LIEBLINGSGERICHT?
Ohne Zweifel Gemista. Gefüllte Tomaten und Paprika. Ich habe von meiner Mutter gelernt, wie man sie zubereitet. Denn neben der französischen Küche liebt sie auch griechisches Essen. Bis heute koche ich Gemista für meine Freunde und meine Familie.

ATHEN, FÜR DICH – MIT EINEM WORT?
Home.

GEORGE, WELCHE WORTE BESCHREIBEN FÜR DICH IN PERFEKTION DIESE STADT, DEINE HEIMAT?
Wenn man Griechenland in Stücke aufteilen würde, sieht man einen Olivenbaum, einen Weinberg und ein Schiff. Und mit diesen drei Dingen kann man es immer wieder neu aufbauen...
Von: Odysseas Elytis.

WARUM LIEBST DU DEINEN BERUF ALS SÄNGER UND KOMPONIST SO SEHR?
Weil es der Kern meiner Existenz ist. Musik erlaubt mir, Freiheit zu finden und den Mut zu haben, der zu sein, der ich sein wollte. Ganz ich. Dafür bin ich unendlich dankbar.

»DIE AKROPOLIS UND IHRE UMGEBUNG. DIESE ENERGIE IST SO PRÄSENT UND IHRE SCHÖNHEIT IST UNVERGLEICHLICH...«
GEORGE

VOULIAGMENI

Einer der Lieblingsläden von George: das Restaurant Garbi. Wenn er nach seinen Touren rund um die Welt wieder in Athen ankommt, ist ein Besuch am Meer und ein Essen im Garbi Pflichtprogramm – und das geniesst er am liebsten mit seinen Freunden.

RESTAURANT GARBI

Das familiengeführte Garbi liegt direkt am Meer und gilt zu Recht als eines der besten Fischlokale in und um Athen.
Es gibt frischen Fisch in allen Variationen – Risotto, Carpaccio, im Ganzen gegrillt und immer perfekt zubereitet. Man könnte hier Stunden verbringen, ständig die salzige Seeluft in der Nase. Kein Wunder, dass das Garbi schon seit mehreren Generationen an noch genau diesem Platz existiert.

VOULIAGMENI | 16671 ATHEN

»DIE LANGUSTEN SIND EIN TRAUM...
FÜR DIE SAUCE KANN MAN GAR NICHT
GENUG BROT ZUM TUNKEN HABEN...«
GEORGE & ELI

VOULIAGMENI

»Kalamari skares me sesti patatosalata«

GEGRILLTER TINTENFISCH AUF WARMER KARTOFFELCREME

für 2–4 Portionen

TINTENFISCH
1 Zitrone, ausgepresst
8 EL Olivenöl
½ Chilischote, ganz fein gehackt
grobes Meersalz
1 großer Tintenfisch, küchenfertig

KARTOFFELPASTE
2 große Kartoffeln, in Salzwasser gekocht
2 Knoblauchzehen, fein gehackt
½ Zitrone, ausgepresst
5 EL Olivenöl
1 EL Butter
Salz
frisch gemahlener schwarzer Pfeffer

ANRICHTEN
ein paar Salatblätter, nach Geschmack
Oregano, getrocknet

ZUBEREITUNG

- Für die Marinade den Zitronensaft, Olivenöl, Chilischote und etwas Meersalz miteinander verrühren.
- Den Tintenfisch waschen und trocken tupfen. An den Seiten etwas einritzen. Mit der Marinade übergießen und abgedeckt im Kühlschrank 1–2 Stunden ziehen lassen.
- Für die Kartoffelpaste die Kartoffeln schälen, in Stücke schneiden und mithilfe einer Gabel so lange zerdrücken, bis sie zu »Brei« werden.
- Dann den Knoblauch, Zitronensaft, Olivenöl und die Butter hinzufügen und alles gut durchmischen. Mit Salz und Pfeffer würzen.
- Den Tintenfisch aus der Marinade nehmen und auf den heißen Grill legen und von beiden Seiten je ca. 5 Minuten grillen, bis er etwas Farbe hat. Vorsicht: Er darf nicht zäh werden!
- Jetzt kann angerichtet werden. Dazu die Kartoffelcreme mittig auf einen Teller geben und den Tintenfisch darauf anrichten. Mit ein paar Salatblättern garnieren und mit der Marinade beträufeln. Mit Oregano bestreuen und gleich servieren.

TIPP! Wer mag, kann noch Basilikumpesto (siehe Seite 36) dazu reichen – passt perfekt dazu! Natürlich kann man den Tintenfisch auch in einer Grillpfanne zubereiten!

ALGENSALAT

»Salata me fykia«

für 4 Portionen

ZUTATEN

500 g frische Algen (alternativ getrocknete Wakame-Algen)
10 EL Olivenöl
Saft von ½ Zitrone
2 Tomaten, klein gewürfelt
1 Frühlingszwiebel, fein geschnitten

ZUBEREITUNG

- Die frischen Algen gründlich waschen und abtropfen lassen. Frische Algen lassen sich gleich ungekocht verarbeiten!
- Wenn man getrocknete Algen verwendet: Diese zunächst mit heißem Wasser übergießen und für ca. 10 Minuten aufweichen lassen. Dann die Algen über ein Sieb abgießen und gut abtropfen lassen!
- Für das Dressing das Olivenöl und Zitronensaft mischen.
- Zum Anrichten die Algen auf einen Teller geben, mit den Tomatenwürfeln und der Frühlingszwiebel belegen. Und das Dressing darüberträufeln.

TIPP! In Athen bekommt man wunderbare wilde, frische Algen direkt aus dem Meer. Es gibt aber auch viele andere Alternativen wie gut sortierte Supermärkte oder Asia-Läden, die auch verschiedenste Algensorten anbieten! Ein toller, leichter Salat zu Fisch!

VOULIAGMENI

LANGUSTEN IN ZAUBERSAUCE

für 4–6 Portionen

ZUTATEN
50 g Butter
1 kg frische Langusten, küchenfertig
1 Zwiebel, klein gewürfelt
1 kleine Chilischote, fein gehackt
2 EL glatte Petersilie, fein gehackt
1 EL Dill, fein gehackt
1½ EL Senf, mittelscharf
200 ml Weißwein
Salz
frisch gemahlener schwarzer Pfeffer
100 ml Sahne
100 ml Kokosmilch
Saft von ½ Zitrone

»Karavides me mageia salsa«

ZUBEREITUNG
- In einem großen Topf oder einer Wokpfanne die Butter erhitzen. Die Langusten hineingeben und bei starker Hitze 1 Minute sautieren.
- Dann die Zwiebel, die Chilischote, die Petersilie, den Dill und den Senf hineingeben. Gut durchrühren. Mit dem Weißwein ablöschen. Salzen und Pfeffern.
- Die Sahne und die Kokosmilch hinzugeben und mit geschlossenem Deckel 5 Minuten köcheln lassen.
- Zum Schluss noch den Zitronensaft hinzugießen, abschmecken.
- In einer tiefen Schüssel anrichten.

TIPP! Dazu reichlich gutes Brot reichen – der Sud ist ein Traum!

GO NO
Kifisia

Kifisia ist ein Vorort im Norden von Athen und die Endstation der Athener Metro Linie 1. Die Meinungen über Kifisia sind mehr als geteilt, da dieses Viertel eine der wohlhabendsten Gegenden Athens ist. Schicke Bars, Designerläden, internationale Schulen und private Kindergärten. Eine perfekte, heile Welt. Auf den ersten Blick hat es nicht viel mit Athen zu tun. Aber auf den zweiten Blick: Es ist schön hier. Und lebenswert. Es ist die grünste Gemeinde Athens. Eine Allee nach der anderen. Voll von Eukalyptus- und Pinienbäumen, dazwischen immer wieder beeindruckende Villen.

Den bekannten »Kifisia-Park« gibt es schon seit 1885. Hier trifft sich die ganze Nachbarschaft: spielende Kinder, Rentnerinnen, die auf der Bank Wollsocken stricken, die Yogagruppe ...

Das Klima ist durch die vielen Bäume ganz anders als im Stadtzentrum. Hier kann man – gerade in den heißen Sommermonaten – durchatmen. Zur Ruhe kommen.

Hier in Kifisia ist so gut wie alles »perfekt«, bis ins letzte Detail.

Man hat man immer wieder das Gefühl, dass so das Paradies aussehen könnte ... oder eben genau nicht.

ELI-TIPP

IN DER NÄHE VON KIFISIA GIBT ES MIT DIE SCHÖNSTEN BADESTRÄNDE. EIN TAGESAUSFLUG ZUM SCHINIAS BEACH, EINEM WUNDERSCHÖNEN SANDSTRAND MIT SEHR KLAREM WASSER, LOHNT SICH WIRKLICH.

KIFISIA

ALEXANDRA & PAFS

Die Geschichte von Alexandra und Pafs ist eine Geschichte des »Nordens«: Vom Norden Deutschlands, Hamburg, in den Norden Athens, Kifisia.

Alexandra ist nämlich in Hamburg geboren, als Tochter eines Griechen. Pafs kommt aus Piräus. Und irgendwo zwischen Hamburg und Piräus haben sich ihre Wege gekreuzt. Und für beide war schnell klar: Wir gehören zusammen. Nächster Schritt: Ein gemeinsames Leben. In Athen. Der Heimat ihres Herzens.

Alexandra hat Yoga und Pilates unterrichtet und viele Retreats veranstaltet. Der Austausch mit anderen Menschen war ihr schon immer wichtig. Pafs ist Generalsekretär und Leiter der Regierungsbehörde für Jugendrecht. Es ist ihm ein ganz persönliches Anliegen, der neuen Generation Zukunftsperspektiven zu ermöglichen. Für die beiden gibt es nichts Grösseres, als ihr Glück mit anderen Menschen zu teilen. Die Tür ihres Hauses steht immer offen – für jeden.

Was sollte man auf keinen Fall in Athen verpassen? Welchen Platz zuerst besuchen?

Haha, wir befürchten, dass wir das sagen, was alle sagen: Ab in die Plaka! Einzigartig! Findet man so kein zweites Mal in Europa. Gerade auch das kleine Stadtviertel Anafiotika am Rand der Plaka... Man fühlt sich plötzlich wie in einem Dorf mitten auf einer Kykyladen-Insel – absolut sehenswert!

Athen in einem Satz für euch?

Athen hat so viel von dem, was wir gerne anders hätten – und gerade deswegen auch so sehr lieben!

Was macht für euch Athen so besonders? Was ist hier anders als in anderen Städten?

Athen ist eine schöne Stadt. Keine ästhetische. Wenn man sich auf diese Stadt einlässt, dann nimmt man ihre Macken hin und kann mit dieser Stadt und den Menschen sehr glücklich werden. Wir haben nicht einen einzigen Moment diesen gemeinsamen Schritt, hierherzuziehen, bereut. Athina ist unser Zuhause.

Was esst ihr beiden am liebsten? Was kocht ihr beiden am liebsten?

Am liebsten essen wir Fisch. Wir kochen wirklich viel mit Fisch, immer in Kombination mit saisonalem Gemüse und frischen Kräutern. Im Sommer gerne pur auf dem Grill oder sonst einfach in der Pfanne, bestäubt mit etwas Mehl und abgelöscht mit etwas Essig!

KIFISIA

FISCHFILETS IN SALZ GEGART

FAST IMMER MIT DABEI AM TISCH: FISCHFILETS, IN SALZ EINGELEGT. DAZU KLEINE FISCHE WIE SARDELLEN, KLEINE DORADEN (KÜCHENFERTIG, ABER IM GANZEN) — GLEICHMÄSSIG MIT GROBEM MEERSALZ BESTREUEN, SODASS ALLES GUT BEDECKT IST. FÜR EINE MENGE VON 500 GRAMM FISCH NIMMT MAN 500 GRAMM SALZ! IN ZEITUNGSPAPIER EINWICKELN UND IM KÜHLSCHRANK FÜR 2–3 STUNDEN ZIEHEN LASSEN.

DAS SALZ ABKLOPFEN, VON DER HAUT UND DEM KOPF BEFREIEN, SODASS MAN FILETS HAT. MIT GUTEM OLIVENÖL UND ZITRONENSAFT BETRÄUFELN.

EINE TOLLE, LEICHTE BEILAGE ZU ANDEREN GERICHTEN — ODER LECKER ZU EINEM OUZO AUF EIS MIT BROT!

AAL AUS DEM OFEN

für 4–6 Portionen

ZUTATEN
4 Aale, ca. 400 g je Stück, küchenfertig, gesäubert
Salz
frisch gemahlener schwarzer Pfeffer
1 Bund Lauchzwiebeln
1 Bund Dill
8 Kirschtomaten
6 EL Olivenöl
Saft von 1 Zitrone
Butter zum Einfetten
100 g Semmelbrösel
½ Glas Wasser
1–2 Zitronen

»Cheli apo to fourno«

ZUBEREITUNG
- Die Aale gründlich waschen und trocken tupfen.
- Von innen und außen salzen und pfeffern.
- Die Lauchzwiebeln waschen und in feine Ringe schneiden. Den Dill waschen und fein hacken. Kirschtomaten waschen und halbieren.
- Alles in eine große Schüssel geben und mit dem Olivenöl und dem Zitronensaft vermengen.
- Eine ofenfeste Form mit einer guten Portion Butter einfetten und die Semmelbrösel gleichmäßig darüberstreuen.
- Die Aale einschneiden – mit ca. 5 Zentimeter Abstand – und gleichmäßig mit der Gemüsemischung bedecken.
- Das Wasser hinzugießen und abdecken (Deckel oder Alufolie).
- Den Ofen auf 200 °C vorheizen und das Ganze dort für ca. 15 Minuten backen.
- Dann die Temperatur auf 150 °C reduzieren und für weitere 15 Minuten ohne Deckel/Alufolie backen.
- Dabei immer mal wieder mit dem Sud übergießen!
- Die Zitronen vierteln und dazu reichen.

TIPP! Zu Fisch servieren Alex und Pafs am liebsten ihre selbst gepflückten Tamarisken »Almyrikia« direkt vom Meer – aber der Algensalat auf Seite 199 passt auch vorzüglich dazu!

KIFISIA

WOLFSBARSCH IN ZEITUNGSPAPIER »Lavraki se efimerida«

für 4–6 Portionen

ZUTATEN
1 Wolfsbarsch, ca 1,5 kg, küchenfertig ausgenommen
Salz
frisch gemahlener schwarzer Pfeffer
2 Karotten
2 Zucchini
2 Stängel Sellerie
60 g Butter, zimmerwarm
Olivenöl zum Bestreichen
1 Flasche Bier (Pils)
1–2 Zitronen

AUSSERDEM:
Zeitungspapier
Backpapier
etwas Paketschnur zum Einwickeln

ZUBEREITUNG
- Den Wolfsbarsch zunächst entschuppen. Dazu am besten im Ganzen mit dem Kopf voran in eine Tüte stecken und dann mit der Rückseite eines Tafelmessers die Schuppen in Richtung Kopf entfernen.
- Den Wolfsbarsch gründlich von innen und außen waschen und trocken tupfen. Von innen und außen kräftig salzen und pfeffern.
- Das Gemüse waschen und putzen. Karotten und Zucchini in mundgerechte Streifen, den Sellerie in kleine Scheiben schneiden.
- Den Wolfsbarsch von innen gleichmäßig mit der Butter bestreichen.
- Jetzt so viel von dem geschnittenen Gemüse in den Bauch geben, wie reinpasst – der Rest kommt später mit dem Fisch aufs Blech!
- Eine Lage Zeitungspapier auf die Arbeitsplatte legen, mit Olivenöl bestreichen, wieder eine Lage Zeitungspapier darauf verteilen. Das Ganze sollte so groß sein, dass man den Fisch darin gut einwickeln kann.
- Den Wolfsbarsch zuerst in Backpapier wickeln, dabei hinten am Schwanz eine kleine Öffnung frei lassen. In diese Öffnung nun ein Drittel vom Bier eingießen. Dann mit dem Zeitungspapier umwickeln und zubinden.
- Auf ein Backblech geben und den Rest vom Bier gleichmäßig über den Fisch verteilen.
- Bei 200 °C auf mittlerer Schiene ca. 30 Minuten grillen. (Die Garzeit ist immer abhängig von der Größe beziehungsweise Herkunft des Wolfsbarschs – daher gegen Ende der Grillzeit prüfen, ob er gar ist. (Sobald sich die Rückenflosse abziehen lässt, ist er gar!)
- Zum Servieren das Zeitungspapier vorsichtig öffnen, zunächst den Sud in eine Schüssel geben – und dann den Fisch filieren, am besten direkt am Tisch vor den Gästen!
- Zitronenstücke dazu reichen.

TIPP! Natürlich kann man dafür auch einen anderen Fisch nehmen – ganz nach Geschmack!

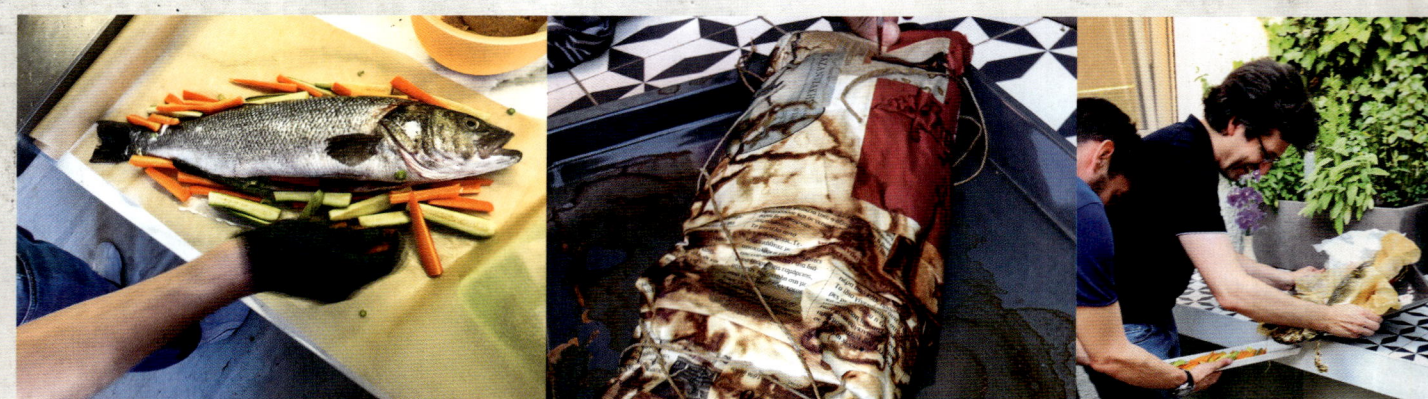

METHANA

nach Methana

ELI-TIPP

VON ATHEN ÜBER KORINTH NACH METHANA. NUR EIN PAAR KILOMETER ENTFERNT VON DER REIZÜBERFLUTETEN STADT. UND PLÖTZLICH HAT MAN EIN SCHAF IM ARM ... ES GIBT SO VIELE WUNDERBARE PLÄTZE FÜR EINE PAUSE. EINZIGER »NACHTEIL«: MAN WILL DIESE PLÄTZE EINFACH NICHT MEHR VERLASSEN ...

Fährt man von Athen Richtung Küste und dann am Meer entlang, wirkt alles »unwirklich schön«. Ein Postkartenmotiv nach dem anderen.

Methana ist eine Halbinsel am Ostzipfel der Peloponnes. Von Piräus aus ist sie mit der Fähre in ca. 2 Stunden gut erreichbar. Im 19. Jahrhundert war Methana aufgrund seiner Heilquellen ein beliebter Kurort der reichen Athener.

Die vulkanischen Böden der Halbinsel sind mineralienreich und sehr fruchtbar, die Vegetation hier ist ganzjährig im »Vollrausch«. Karges Vulkangestein wechselt sich mit blühenden Orchideen und Wiesen voll mit wildem Oregano, Salbei und Lorbeer ab.

»DIE KUNST DES GRIECHISCHEN LEBENS LIEGT IN DER ABSOLUTEN EINFACHHEIT. NUR EINS MUSS ABER IMMER DABEI SEIN: DAS HERZ.« ELI

ELI-TIPP

DER »VOLCANO« IST DAS WAHRZEICHEN METHANAS. ES LOHNT SICH, DIESEN 760 METER HOHEN PUNKT AUF DER INSEL ZU BESICH-TIGEN. DER WEG NACH OBEN NIMMT CA. EINE HALBE STUNDE IN ANSPRUCH, FESTES SCHUHWERK IST EMPFEHLENSWERT. GEKRÖNT WIRD DER AUFSTIEG MIT EINEM SAGENHAFTEN AUSBLICK AUF DIE WEITE DES SARONI-SCHEN GOLFS. EIN WUNDERBARER ORT FÜR EIN PICKNICK BEI SONNENUNTER-GANG. ALLERDINGS IST DER WEG NICHT BELEUCHTET, ES EMPFIEHLT SICH ALSO, VOR DER DUNKELHEIT WIEDER UNTEN ZU SEIN.

ANDREAS

ANDREAS DEFFNER KAM VOR ÜBER 25 JAHREN MIT SEINEM FREUND PERIKLIS ZUM ERSTEN MAL NACH ATHEN. GEMEINSAM BESUCHTEN SIE AUCH PERIKLIS' GRIECHISCHE OMA. SIE VERBRACHTEN VIELE SOMMER BEI IHR UND MIT DER ZEIT WURDE DIE »JAJA« AUCH ZUR OMA VON ANDREAS. VON IHR LERNTE ER NICHT NUR DIE GRIECHISCHE MENTALITÄT UND SPRACHE KENNEN, SONDERN AUCH DAS KOCHEN.

IN BERLIN LEBT ER MIT SEINER FRAU UND DEN DREI KINDERN UND ARBEITET ALS STAATSSEKRETÄR. WENN ER SEHNSUCHT NACH GRIECHENLAND BEKOMMT, DANN SCHREIBT ER GESCHICHTEN VON SEINER »ANDEREN HEIMAT«.

DEN »GESCHMACK« GRIECHENLANDS TEILT ANDREAS GERNE MIT SEINEN FREUNDEN BEI EINEM GUTEN SELBST GEKOCHTEN, GRIECHISCHEN ESSEN.

WENN ER DANN IN DER RUNDE SEINE ANEKDOTEN ERZÄHLT UND NEBENBEI WIEDER SEIN NEUESTES »SPECIAL-FAVA-REZEPT« AUFTISCHT, KANN MAN IHM STUNDENLANG ZUHÖREN.

WENN ANDREAS IN METHANA IST, GEHÖRT EIN OUZO AUF DEM VOLCANO MIT BLICK AUFS MEER ALS FESTES RITUAL DAZU. GENAUSO WIE DER BESUCH BEI THEO, SEINEM LANGJÄHRIGEN FREUND.

»JEDES MAL, NACHDEM ICH DIESES LAND BESUCHT HABE, KOMME ICH NICHT NUR MIT VIELEN NEUEN EINDRÜCKEN UND GESCHICHTEN ZURÜCK, SONDERN AUCH MIT VOLLEM HERZEN!« ANDREAS

TAVERNA THEO

Genau hier, am Fusse des Vulkans, hat sich Theo seine eigene kleine Welt gebaut: seine Taverne. Nach vielen Stationen in verschiedenen Ländern hat er hier sein Zuhause gefunden. Seinen Rückzugsort. Den er gerne mit anderen Menschen teilt.

Theo bereitet in der winzigen Küche seiner Taverne zu, wonach ihm gerade ist. Das wird dann alles auf den Tisch gestellt. Dazu gibt es guten offenen Hauswein. Und dann heisst es einfach nur noch: Geniessen!

Man würde am liebsten einfach hier bleiben. Auf dieser Halbinsel. In Theos Taverne. Mit diesem unglaublichen Ausblick.

OINOTHERAPEFTEIRIO IFAISTEIO, KAMENI CHORA | 18030 METHANA

»Kremidokeftedes«

ZWIEBELKÜCHLEIN

für 6 Portionen

ZUTATEN
500 g Zwiebeln
½ Bund frische Minze
Salz
frisch gemahlener schwarzer Pfeffer
500 g Mehl
etwas lauwarmes Wasser
Olivenöl zum Braten
etwas frische Petersilie oder Minze
ein paar Tomatenscheiben

ZUBEREITUNG
- Die Zwiebeln schälen, die Hälfte davon in kleine Würfel schneiden, den Rest fein raspeln.
- Die Minze waschen und ganz fein hacken und zu den Zwiebeln geben. Mit Salz und Pfeffer würzen.
- Das Mehl fein sieben und zu der Zwiebel-Minz-Mischung geben. Unter Rühren so viel lauwarmes Wasser zugeben, dass eine Masse entsteht, die nicht mehr klebt und sich gut zu kleinen Küchlein formen lässt.
- Eine Pfanne mit Olivenöl erhitzen und die Küchlein darin von beiden Seiten goldbraun braten, sodass sie schön knusprig werden, ca. 3 Minuten je Seite.
- Ganz nach Belieben mit Petersilie, Minze, Tomatenscheiben garnieren.

METHANA

FRITTIERTE TINTENFISCHE

für 4 Portionen

ZUTATEN

800 g küchenfertige, kleine Tintenfische | 1 Glas Mehl | ½ Glas Mineralwasser | ½ Liter Pflanzenöl zum Frittieren | Saft von ½ Bio-Zitrone | Salz | frisch gemahlener schwarzer Pfeffer | 2 Bio-Zitronen, längs geviertelt

ZUBEREITUNG

- Die Tintenfische gründlich waschen und trocken tupfen. Die Tintenfischtuben quer in ca. 1 Zentimeter dicke Ringe schneiden. Den Rest in mundgerechte Stücke schneiden. Das Mehl mit dem Mineralwasser mischen und gut verrühren.
- Das Öl in einem hohen Topf erhitzen. Währenddessen die Tintenfisch-Stücke mit dem Zitronensaft beträufeln und mit Salz und Pfeffer würzen.
- Sobald das Öl die richtige Temperatur hat (ca. 170 °C), die Tintenfisch-Stücke durch den Teig ziehen und darin portionsweise ausbacken, bis sie etwas Farbe bekommen haben und schön knusprig sind.
- Um zu überprüfen, ob das Öl die richtige Temperaur hat: einfach ein Holzstäben reinhalten, wenn es kleine Blasen wirft, ist es heiß genug!
- Die fertig frittieren Tintenfische gut auf Küchenkrepp abtropfen lassen.
- Mit Zitronenspalten servieren.
- Dazu passt perfekt ein griechischer Bauernsalat!

GRIECHISCHER BAUERNSALAT

für 4 Portionen

SALAT

1 Salatgurke | 500 g Tomaten | 1 Zwiebel | 1 grüne Paprikaschote | 100 g schwarze Oliven (z. B. Kalamata-Oliven) | 250 g Feta

DRESSING

1 ½ EL Weinessig | 7 EL Olivenöl | 1 TL Oregano, getrocknet | Salz | frisch gemahlener schwarzer Pfeffer

ZUBEREITUNG

- Die Salatgurke schälen, längs halbieren und in mundgerechte Stücke schneiden. Die Tomaten waschen, die Strünke herausschneiden und die Tomaten achteln. Die Zwiebel schälen und in Ringe schneiden. Die Paprikaschote waschen, halbieren und das Kerngehäuse entfernen. In Streifen schneiden.
- Alle vorbereiteten Zutaten in eine Schüssel geben. Mit den Oliven belegen.
- Jetzt das Dressing zubereiten. Dazu den Weinessig mit dem Olivenöl, dem Oregano, Salz und Pfeffer gut durchmischen.
- Das Dressing über den Salat geben.
- Den Feta-Käse in groben Stücken auf dem Salat verteilen. Mit etwas Oregano bestreuen und mit etwas Olivenöl begießen.

Alimos

Nur ein paar Kilometer südlich von Athen, direkt am Meer, liegt Alimos. Der Ort ist ein beliebtes Ausflugsziel der Athener, die hier gerne ein entspanntes Wochenende am Wasser genießen.

Unter der Woche ist es eher beschaulich. Man teilt sich diesen schönen Platz lediglich mit ein paar Rentnern, die an schattigen Plätzen Tavli oder Domino spielen. Oder mit einem Liebespaar ...

> »ICH KÖNNTE NIE AN EINEM ORT LEBEN, DER WEIT ENTFERNT VOM MEER IST. ICH BRAUCHE DAS WASSER WIE DIE LUFT ZUM ATMEN.«
> — EMMANOUELA

Emmanouela

WER IN ALIMOS WOHNT, LIEBT DIE NÄHE ZUM MEER. GENAU WIE EMMANOUELA, FOOD-BLOGGERIN UND FERNSEHKÖCHIN.

EMMANOUELA WAR SCHON BLOGGERIN, BEVOR MAN IN GRIECHENLAND ÜBERHAUPT RICHTIG WUSSTE, WAS EIN »BLOGGER« IST. DAS WAR SIE ABER NICHT IMMER. IHR WEG ZU DIESEM JOB IST EINE GESCHICHTE, DIE SEHR TYPISCH FÜR ATHEN IST.

EMMANOUELA HAT LANGE ALS SEKRETÄRIN GEARBEITET. IN IHRER FREIZEIT GING ES ABER JEDE MINUTE UM IHRE GROSSE LEIDENSCHAFT: KOCHEN. ALS DIE KRISE KAM UND SIE WIE VIELE ANDERE IN IHREM JOB GEKÜNDIGT WURDE, WAGTE SIE DEN SPRUNG INS KALTE WASSER UND MACHTE DAS, WAS SIE AM MEISTEN LIEBTE, ZU IHREM BERUF. WENN EMMANOUELA VON DIESER ENTSCHEIDUNG ERZÄHLT UND MAN IHRE STRAHLENDEN AUGEN DABEI SIEHT, WEISS MAN SOFORT, DASS SIE DIESE ENTSCHEIDUNG NICHT BEREUT. KEIN WUNDER, DASS SIE MITTLERWEILE EINE EIGENE TV-SENDUNG ALS FERNSEHKÖCHIN HAT. DIE KRISE IN GRIECHENLAND WAR IHRE INITIALZÜNDUNG.

FOREVER HUNGRY — THINK PIG

> »ICH MAG AN DEM WAS ICH JETZT TUE, DASS ICH DAS WAS ICH LIEBE MIT ANDEREN MENSCHEN TEILEN KANN. DEN GESCHMACK DES LEBENS TEILEN KANN....«
> — EMMANOUELA

ALIMOS

POWER-SCHOKOLADENKEKSE À LA EMMANOUELA
»Power-Sokolata biskota à la Emmanouela«

für 1 Blech

ZUTATEN
250 g Vollkornhaferflocken
2 reife Bananen, zerdrückt
1 Tasse Schoko-Chips
1 Tasse Preiselbeeren, getrocknet
2 EL Erdnussbutter
1 EL Joghurt
Schale von 1 Orange, fein gerieben
1 EL Honig

ZUBEREITUNG
- Alle Zutaten in eine große Schüssel geben und gut miteinander vermengen.
- Ein Backblech mit Backpapier auslegen und die Mischung gleichmäßig darauf verteilen.
- Im Ofen bei 180 °C für 25–30 Minuten backen, bis sie goldbraun ist.
- Das Ganze etwas abkühlen lassen und in Stücke schneiden.
- In einem geschlossenen Behälter, vor Feuchtigkeit geschützt, halten sie sich mindestens eine Woche!

»ATHEN IST MEIN GEBURTSORT UND IMMER IN MEINEM HERZEN. ES IST EINE STADT MIT VIELEN FEHLERN, ABER ICH SUCHE AUCH KEINE PERFEKTION. PERFEKTION KOMMT DER MENSCHLICHEN NATUR NÄMLICH NICHT NAHE. ICH LIEBE PULSIERENDE STÄDTE MIT MENSCHEN, DIE NICHT NUR IN IHNEN WOHNEN, SONDERN IN IHNEN LEBEN, MIT ALLEM, WAS DAZUGEHÖRT. UND DAS ERLEBE ICH IN ATHEN TAG FÜR TAG. SO VIELE MENSCHEN VERÄNDERN HIER DIE DINGE AUS EIGENER KRAFT HERAUS. UND DAS LIEBE ICH AN ATHEN: DIESE STADT BEWEGT SICH. IN EINE POSITIVE ZUKUNFT!« EMMANOUELA

ALIMOS

JOGHURT-SCONES
»Giaourti-Scones«

für 4–6 Portionen

ZUTATEN
250 g Mehl
3 TL Backpulver
150 g griechischer Joghurt
1 Prise Salz
25 ml Olivenöl
100 ml Milch

ZUBEREITUNG
- Das Mehl in eine große Schüssel sieben. Backpulver dazugeben.
- Den Joghurt und das Salz hinzugeben. Alles gründlich miteinander vermischen, dann das Olivenöl und die Milch unter Rühren hinzugießen.
- Den Teig mithilfe eines Esslöffels in Papier-Muffinförmchen füllen.
- Bei 180 °C im Ofen ca. 15 Minuten backen, bis die Scones goldbraun werden.

TIPP! Die Scones sind pur mit etwas Butter und Marmelade sehr lecker. Wer mag, kann die Scones auch füllen – mit einer Mischung aus frischen Kräutern, klein geschnittenen Tomatenwürfeln und griechischem Joghurt! Etwas Feta unter den Joghurt gemischt – auch sehr lecker! Von süß bis pikant – alle Füllungen, ganz nach eigenem Geschmack, sind möglich!

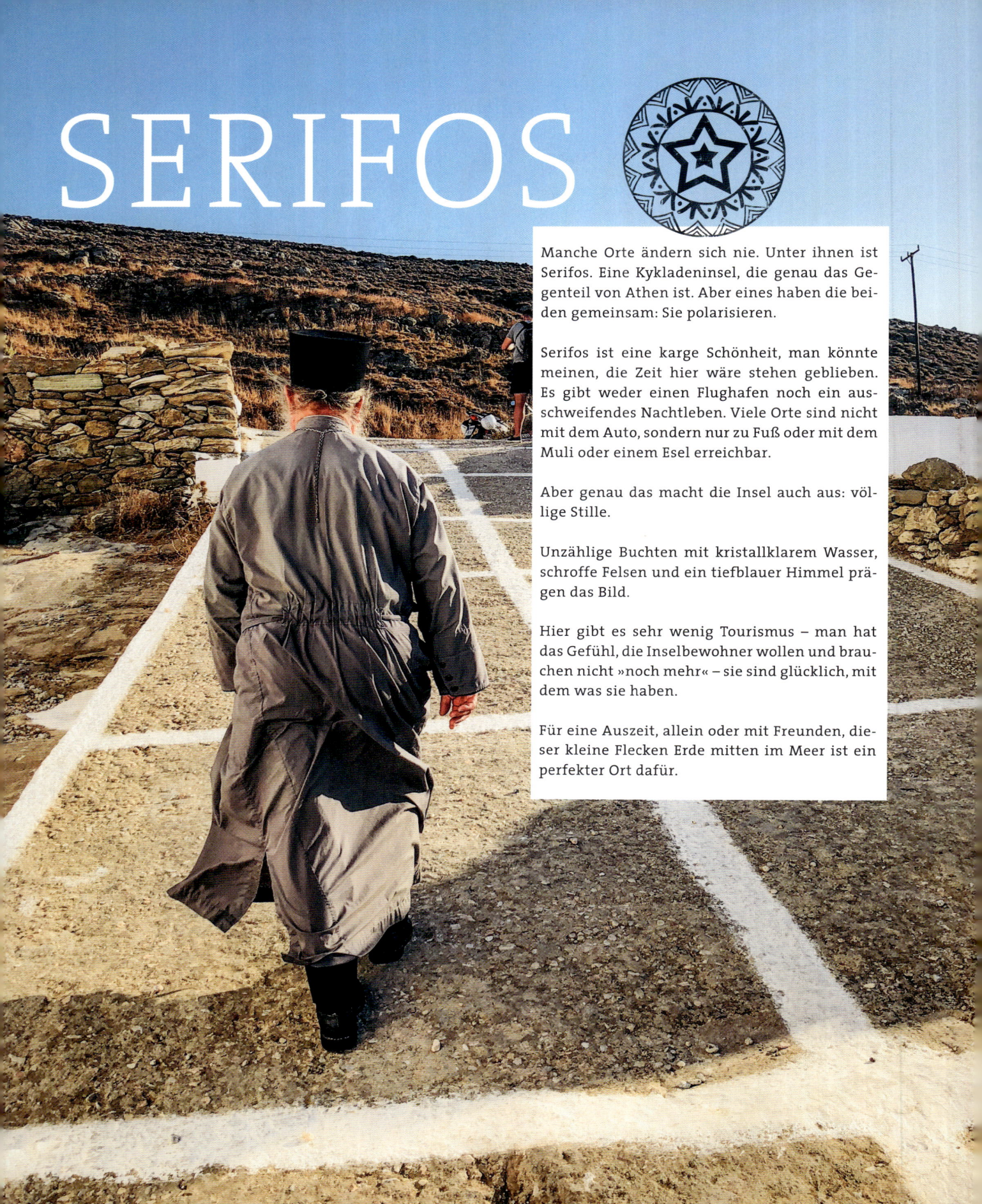

SERIFOS

Manche Orte ändern sich nie. Unter ihnen ist Serifos. Eine Kykladeninsel, die genau das Gegenteil von Athen ist. Aber eines haben die beiden gemeinsam: Sie polarisieren.

Serifos ist eine karge Schönheit, man könnte meinen, die Zeit hier wäre stehen geblieben. Es gibt weder einen Flughafen noch ein ausschweifendes Nachtleben. Viele Orte sind nicht mit dem Auto, sondern nur zu Fuß oder mit dem Muli oder einem Esel erreichbar.

Aber genau das macht die Insel auch aus: völlige Stille.

Unzählige Buchten mit kristallklarem Wasser, schroffe Felsen und ein tiefblauer Himmel prägen das Bild.

Hier gibt es sehr wenig Tourismus – man hat das Gefühl, die Inselbewohner wollen und brauchen nicht »noch mehr« – sie sind glücklich, mit dem was sie haben.

Für eine Auszeit, allein oder mit Freunden, dieser kleine Flecken Erde mitten im Meer ist ein perfekter Ort dafür.

SERIFOS

ELI-TIPP

AUF SERIFOS GIBT ES WUNDERSCHÖNE KLÖSTER UND KIRCHEN MIT BEEINDRUCKENDEN WANDMALEREIEN UND IKONEN. HÄUFIG KANN MAN SICH VON EINEM MÖNCH ODER AUCH »PAPAS«, DEN PFARRERN, DURCH DIE KIRCHE ODER DAS KLOSTER FÜHREN LASSEN. SO ERFÄHRT MAN EINIGE BESONDERHEITEN ÜBER DIE INSEL UND DAS LEBEN DORT.

Der Glaube ist in Griechenland ein wichtiger Bestandteil im Leben. Es ist Tradition, in einer der vielen Kirchen eine Kerze anzuzünden, um an geliebte Menschen zu denken.

»GUTE MENSCHEN. GUTES ESSEN. MIT DIESER ATMOSPHÄRE UND ENERGIE UM EINEN – MEHR BRAUCHT ES NICHT FÜR: GLÜCK.« ELI

SERIFOS

ELI-TIPP

DEN »HAUPTORT« DER INSEL, CHORA, ERREICHT MAN DURCH EIN LABYRINTH KLEINER GÄSSCHEN VOLLER WEISS GEKALKTER HÄUSER. VON HIER AUS FÜHRT EIN DIREKTER WEG ZUR KIRCHE AGIOS KONSTANTINOS. BELOHNT WIRD MAN AM ABEND MIT DEM WOHL SCHÖNSTEN SONNENUNTERGANG IN DER ÄGÄIS!

κουζίνα

EIER MIT TOMATEN

»Strapatsada«

für 2 Portionen

ZUTATEN
2 Tomaten
1 kleine grüne Spitzpaprika
5 EL Olivenöl
Salz
frisch gemahlener schwarzer Pfeffer
5 Bio-Eier
Brot nach Geschmack

ZUBEREITUNG
- Die Tomaten und die Spitzpaprika waschen und in kleine Stücke schneiden.
- Das Olivenöl in einer Pfanne erhitzen. Die Tomaten und die Paprika darin anbraten und für ca. 5 Minuten köcheln lassen. Mit Salz und Pfeffer würzen.
- Die Eier in einer Schüssel verrühren und dazugeben. Unter Rühren die Eier stocken lassen – aber Vorsicht, nicht zu lange! Sonst wird das Gericht trocken – es sollte noch etwas »schlonzig« sein! Damit man das Brot schön eintunken kann.

TIPP! Es gibt unzählige Varianten dieses typisch griechischen Frühstücks. Wer keine Tomatenhaut mag und die Tomaten etwas feiner möchte, reibt die Tomaten einfach durch die grobe Seite einer Reibe. Wer mag, kann noch Chili dazugeben oder auch mildes Paprikapulver. Gerne wird auch zum Schluss noch etwas zerbröselter Feta druntergemischt.

ELI-TIPP

UND NACH EINER LANGEN NACHT AUF SERIFOS – DAS BESTE ZUM FRÜHSTÜCK: STRAPATSADA

»ZU DIESEM BUCH GIBT ES VIELE GESCHICHTEN. EINE DAVON WAR, MITTEN BEIM SCHREIBEN ZUFÄLLIG DEN SONG ›ATHEN‹ ZU HÖREN. DER MICH VOM ERSTEN TON AN BERÜHRT HAT. UND ICH DACHTE: WER ATHEN SO FÜHLT, DER MUSS MIT IN DIESES BUCH.« ELI

max herre

Athen mit einem Satz auszudrücken? Für mich unmöglich. Das wäre, wie ein ganzes Leben in einem Satz erzählen zu wollen. Athen ist für mich ein Sehnsuchtsort und ein wichtiger Teil meiner Familiengeschichte. Und je älter ich werde, umso mehr spielen Erinnerungen eine Rolle. Mein Vater hat während meiner Kindheit einige Jahre in Athen gelebt und dort als Architekt gearbeitet. Von ihm habe ich sehr viel für mein Leben mitbekommen, unter anderem die Liebe zu Athen. Wenn ich dort bin, sehe ich die Stadt durch seine Augen.

» **WELCHE BILDER HAST DU IM KOPF, WENN DU AN DEINE ERSTE BEGEGNUNG MIT ATHEN DENKST?**

Das sind so viele ... Ein sehr prägender Ort für mich war der alte Flohmarkt in der Plaka, der sich über das ganze Viertel Monastiraki erstreckt hat. Mein Vater hat früher Schallplatten gesammelt, und wir haben dort oft den ganzen Tag damit verbracht, alte Rembetiko-Platten zu finden, im Kafenio zu sitzen oder von dort zur alten Markthalle auf der Athinas-Strasse zu schlendern. Die Musik, die mein Vater hörte, hat meine eigene musikalische Entwicklung sehr geprägt. Im Rembetiko geht es um das wahre Leben, die Sehnsucht nach Orten und Menschen, die man zurücklassen musste, um den Schmerz und die Hoffnung. Es ist der griechische Blues.

WELCHES GRIECHISCHE ESSEN MAGST DU BESONDERS GERN?

Eigentlich alles, aber Kalamarakia und Kotopoulo, dazu einfach Patates und Horiatiki waren als Kind meine Favoriten! Mit den ganzen verschiedenen Mezedes und Pasten dazu, das liebe ich bis heute. Wenn der Tisch sich füllt mit unterschiedlichen Speisen. Auch weil es nicht alleine ums Essen an sich geht. Sondern um das Miteinander-Sein, das Zusammensitzen, die Gespräche.

»ALS KIND HATTE ICH NATÜRLICH EINEN GANZ ANDEREN BLICK AUF DIE DINGE ... JETZT KENNE ICH ABER DIE GESCHICHTEN UM DIE GESCHICHTE. ANGEFANGEN VON MEINER EIGENEN, MIT ALL DEN ERINNERUNGEN DORT — BIS HIN ZU DIESER STADT, DIESEM LAND.

ATHEN.

AUCH EIN STÜCK ZUHAUSE FÜR MICH.«
MAX HERRE

DIE AUSGEHKULTUR IN ATHEN IST OHNEHIN EIN GROSSER TEIL DES LEBENS. WIR HABEN VIEL ZEIT IN TAVERNEN UND KAFENIOS VERBRACHT. MEIN VATER HAT UNS KINDERN FRÜH DAS TAVLI-SPIELEN BEIGEBRACHT. BIS HEUTE IST DAS UNSER GEMEINSAMER ZEITVERTREIB GEBLIEBEN: IM KAFENION SITZEN, MEZE ESSEN, TAVLI SPIELEN ...

DEINE LIEBLINGSVIERTEL IN ATHEN?
KYPSELI MAG ICH SEHR GERNE, WEIL ES ... SEHR URSPRÜNGLICH IST. UND DENNOCH SEHR HETEROGEN. JUNG UND ALT GEMISCHT UND INZWISCHEN AUCH VIELE KÜNSTLER. METS REPRÄSENTIERT FÜR MICH DAS ATHEN MEINES ONKELS, DER GEBÜRTIGER ATHENER WAR, MIT VIELEN ÄLTEREN AKADEMIKERN UND INTELLEKTUELLEN.

ABER ICH LIEBE AUCH EXARCHIA. DAS VIERTEL STEHT FÜR MICH BIS HEUTE FÜR OPPOSITION, JETZT FÜR DEN WIDERSTAND GEGEN DAS INTERNATIONALE FINANZKAPITAL. DIE STUDENTEN DORT WAREN ZUR ZEIT DER MILITÄRJUNTA IN DEN 1960ER-JAHREN SCHON SEHR POLITISCH, KRITISCH UND WACH. UND SIE SIND ES IMMER NOCH. UND DARÜBER HINAUS IST MEIN LIEBLINGSPLATTENLADEN IN EXARCHIA, A STRANGE COLLECTOR. UND ES GIBT VIELE SCHÖNE KLEINE CAFÉS UND TAVERNEN, WIE DAS AMA LACHEI AT NEFELIS'S. UND DEN WOCHENMARKT IN DER KALLIDROMIOU-STRASSE JEDEN SAMSTAG.

ATHEN JETZT IM VERGLEICH ZU FRÜHER?
DAS SCHÖNE IST, DASS SICH DIESE STADT IMMER WIEDER NEU ERFINDET. DIE ATHENER, DIE GRIECHEN, HABEN EINEN UNGLAUBLICHEN HUNGER NACH LEBEN UND VERÄNDERUNG. DAS MACHT DIE STADT SO SPANNEND UND LEBENDIG — AUCH FÜR DIE KUNST. GERADE IN DER SCHWIERIGEN ZEIT, DIE ATHEN GERADE DURCHMACHT, GIBT ES SO VIEL ERFINDERGEIST: BESTEHENDE ORTE WERDEN NEU GENUTZT, INNOVATIVE KONZEPTE ENTSTEHEN — DIE MENSCHEN SCHAFFEN SICH IMMER WIEDER IHRE GANZ PERSÖNLICHEN FREIRÄUME.

ευχαριστώ

VIELEN DANK!

Die Danksagung – sie kommt immer am Ende eines Buchs. Nach den ganzen Worten, die man schon geschrieben hat. Dann, wenn man im Grunde gar keine Kraft und Energie mehr hat, irgendetwas aufs Papier zu bringen. Nach über einem Jahr Arbeit, das diktiert war von: »Buch. Bilder. Worte.«

Dabei ist es mit das Wichtigste an einem Buchprojekt, »DANKE!« zu sagen. Den Menschen Danke zu sagen, die einen die ganze Zeit ertragen mussten und getragen haben – ohne Wenn und Aber.

Alle Menschen, ohne die dieses Buch niemals zustande gekommen wäre, einzeln zu nennen – unmöglich. Denn zur Entstehung dieses Buchs haben auch viele Menschen beigetragen, die eigentlich gar nicht an diesem Projekt beteiligt waren. Die aber einfach plötzlich da waren in den Momenten des Zweifelns, in denen man nicht weiß, wie was wann weitergehen soll und ob man jemals fertig werden wird. Ganz besondere Momente mit ganz besonderen Menschen. Ich nenne das »Glück«.

Und von diesen Momenten habe ich viele geschenkt bekommen. Von Athina, dieser wilden Diva. Und den Menschen, von denen ich die meisten vorher gar nicht kannte und die jetzt zu Freunden geworden sind und die ich nicht mehr missen möchte! Sie haben mir ihr Vertrauen geschenkt, obwohl sie mich vorher noch nie gesehen hatten. Ich durfte sie zu ihren liebsten Orten begleiten und in sehr persönlichen Momenten porträtieren – einfach so. Und das nur deswegen, weil sie gemerkt haben, dass ich mit ganzem Herzen dieses Buch machen will. Ein Buch über eine Stadt, die es so sehr verdient hat. Dieses unsagbare Glück und das mir entgegengebrachte Vertrauen kann ich im Grunde immer noch nicht fassen.

Ein Buch, das macht man nicht alleine. Sondern im Team. Und dazu braucht man auch einen Verlag, der einem die nötigen Freiräume gibt. Und einen Projektleiter und Lektor, der die Bilder und Worte versteht. Und genau das habe ich bekommen!

Danke, liebe Maren Richter (Verlagsleiterin Südwest) fürs Immer-da-Sein, dein Vertrauen und deinen Humor!

Danke, lieber Hannes Frisch (Projektleiter und Lektor), fürs »Mich-Verstehen«, auch in den unmöglichsten Situationen. Und dafür, dass du dieses nicht immer einfache Projekt mit mir gemeinsam umgesetzt hast. Weil du wusstest: Es ist ein Herzensprojekt.

Danke, liebe Sabine Kestler. Du als Bildchefin hast sofort meine Idee gesehen und gefühlt.

Danke, liebe Sabine Werbel (Presse). Du machst nicht nur einfach einen Job, sondern liebst das, was du tust.

Ein ganz spezielles Danke – von hier bis zum Himmel! – für dich, liebe Jeanne van Stuyvenberg. Du hast nicht nur alles, was ich fotografiert und geschrieben habe, zu einem wunderbaren Ganzen gestaltet, sondern du warst vom ersten Moment an meiner Seite. Weil du daran geglaubt hast. An mich und dieses ganz eigene Projekt.

Und ein ganz besonderer Dank an Andreas und Spyros, die mir viele Begegnungen und Momente ermöglicht haben.

Ich wollte eine Stadt und ihre Menschen kennenlernen – und habe dabei ein großes Stück meiner eigenen Geschichte, ein großes Stück von meinen Wurzeln geschenkt bekommen.

Ich sage jedem von euch:
DANKE! ευχαριστώ!
Von ganzem Herzen …

IMPRESSUM

1. Auflage 2019
© 2019 by Südwest Verlag, einem Unternehmen der Verlagsgruppe Random House GmbH, Neumarkter Straße 28, 81673 München.

Alle Rechte vorbehalten. Vollständige oder auszugsweise Reproduktion gleich welcher Form (Fotokopie, Mikrofilm, elektronische Datenverarbeitung oder andere Verfahren), Vervielfältigung, Weitergabe von Vervielfältigungen nur mit schriftlicher Genehmigung des Verlags.

HINWEIS

Die Ratschläge/Informationen in diesem Buch sind von Autor und Verlag sorgfältig erwogen und geprüft. Dennoch kann eine Garantie nicht übernommen werden. Eine Haftung des Autors bzw. des Verlags und seiner Beauftragten für Personen-, Sach- und Vermögensschäden ist ausgeschlossen.

Sollte diese Publikation Links auf Webseiten Dritter enthalten, so übernehmen wir für deren Inhalte keine Haftung, da wir uns diese nicht zu eigen machen, sondern lediglich auf deren Stand zum Zeitpunkt der Erstveröffentlichung verweisen.

BILDNACHWEIS

Alle Fotografien © Elissavet Patrikiou
Seite 78–85: Fotos für BEEF!
Seite 56/57 und 146: Fotos für Effilee

PROJEKTLEITUNG Hannes Frisch
GESTALTUNG UND SATZ die basis, www.die-basis.de, Wiesbaden
KORREKTORAT Susanne Schneider, München
REPRODUKTION, DRUCK UND VERARBEITUNG Mohn Media Mohndruck GmbH, Gütersloh
PRINTED IN GERMANY

Verlagsgruppe Random House FSC® N001967
ISBN 978-3-517-09797-8